K. U. Bromm

Anwendungen für BASIC-Taschencomputer

Karl Udo Bromm

Anwendungen für BASIC-Taschencomputer

Mit über 50 Programmen
aus Mathematik, Physik, Biologie, Ökologie,
Wirtschaftskunde, Sozialkunde, Finanzwesen
und Spielen

Friedr. Vieweg & Sohn   Braunschweig / Wiesbaden

CIP-Kurztitelaufnahme der Deutschen Bibliothek

Bromm, Karl Udo:
Anwendung für BASIC-Taschencomputer: mit
über 50 Programmen aus Mathematik, Physik,
Biologie, Ökologie, Wirtschaftskunde, Sozialkunde,
Finanzwesen u. Spielen/Karl Udo Bromm. —
Braunschweig; Wiesbaden: Vieweg, 1984
ISBN-13: 978-3-528-04247-9   e-ISBN-13: 978-3-322-84291-6
DOI: 10.1007/978-3-322-84291-6

Umschlaggestaltung: P. Lenz, Wiesbaden
Satz: Vieweg, Braunschweig

ISBN-13: 978-3-528-04247-9

Vorwort

BASIC-Taschencomputer schließen eine Lücke zwischen Tisch- und Taschenrechnern. Preiswert in der Anschaffung, von den Abmessungen eines Brillenetuis, bieten sie den Komfort einer höheren Programmiersprache.

Das vorliegende Buch stellt anhand vielfältiger Beispiele aus unterschiedlichen Gebieten die erstaunlichen Fähigkeiten dieser Geräte heraus. Es wendet sich in erster Linie an 'Einsteiger', also Leser ohne Vorkenntnisse, bietet aber auch Fortgeschrittenen sicher noch manche Anregung.

Die Sprachelemente von BASIC werden nicht systematisch abgehandelt, sondern in Verbindung mit konkreten Problemen nach und nach vorgestellt. Obwohl die Programme durchgehend auf dem PC-1212 von SHARP getestet wurden, ist das Buch nicht einseitig auf einen bestimmten Gerätetyp hin ausgerichtet; es könnte im Prinzip zu jedem Heim- oder Taschencomputer herangezogen werden. Dies liegt daran, daß die Algorithmen, d.h. die Pläne zur Lösung der Probleme, zunächst in einer rechnerunabhängigen Form entwickelt werden (Umgangssprache mit genormten Redewendungen, Flußdiagramm, Struktogramm). Außerdem sind bei der anschließenden BASIC-Darstellung Anweisungen bevorzugt worden, die auf (fast) allen Rechnern zur Verfügung stehen. Indem das jeweilige BASIC-Programm erst als Übersetzung eines allgemeinen Ablaufplans entsteht, vermeidet man auch weitgehend den berüchtigten 'Spaghetti-Code', jenen unverständlichen Programmwirrwarr, der sich leicht als Folge häufiger GOTO-Verkettung isoliert konstruierter BASIC-Zeilen einstellt.

Die Gefahr, blindlings draufloszuprogrammieren, ist beim Taschencomputer im Gegensatz zum Bildschirmrechner angesichts der eindimensionalen Anzeige ohnehin größer.

Düsseldorf, im Juni 1983

K. U. Bromm

Inhaltsverzeichnis

1 Zum Gebrauch von BASIC-Taschencomputern (BTC) 1

  1.1 Unterschied zwischen manuellem und programmgesteuertem Rechnen ... 1

  1.2 Algorithmen und ihre Darstellungsformen 2

  1.3 Die auf dem BTC verfügbaren Sprachelemente 6

  1.4 Allgemeine Vorschläge zur Programmerstellung 7

2 Der BTC als Rechenhilfe 9

  2.1 Länge von Bremswegen 9

  2.2 Ölvorrat im querliegenden Zylinder 10

  2.3 Tilgungspläne für Hypotheken 12

  2.4 Vaters heimlicher Helfer bei Schulaufgaben 14

    2.4.1 G.G.T. und k.g.V. 14

    2.4.1 Bruchrechnen 16

    2.4.3 Quadratische Gleichungen — vollständige Fallunterscheidung..... 18

    2.4.4 Lineare Gleichungssysteme 19

3 Der BTC als Entscheidungshilfe 23

  3.1 Linearitätsprüfung einer Meßreihe 23

  3.2 Kurvenanpassungen mit Potenz-, Exponential- und
Logarithmusfunktionen 25

  3.3 Physikers Heinzelmännchen: Rechner suchen zur vorgelegten
Meßreihe die passende Formel 29

    3.3.1 Hookesches Gesetz 29

    3.3.2 Gleichmäßig beschleunigte Bewegung 29

    3.3.3 Boyle-Mariottsches Gesetz 29

    3.3.4 Drittes Keplersches Gesetz 30

    3.3.5 Exponentieller Anstieg der Weltbevölkerung 30

    3.3.6 Entladung eines Kondensators 31

    3.3.7 Höhenmessung mit dem Barometer 31

4 Kleine mathematische Entdeckungen 32

  4.1 Magische Quadrate 32

  4.2 Pythagoräische Zahlentripel 35

    4.2.1 Berecnung sämtlicher Tripel 35

    4.2.2 Beschränkung auf Grundtripel 37

  4.3 Primzahltabellierungen 40

    4.3.1 Grundverfahren 40

4.3.2 Primzahlzwillinge 40

4.3.3 Schnellverfahren 42

4.3.4 Sieb des Eratosthenes 44

4.4 Natürliche Zahlen stecken voller Rätsel 45

4.4.1 Vermutung von McCarthy 45

4.4.2 Gelöste und ungelöste Probleme der Zahlentheorie 46

5 Physikalische Erkenntnisse ohne Höhere Mathematik 48

5.1 Bewegungen unter Berücksichtigung des Luftwiderstands 48

5.1.1 Senkrechter Wurf 49

5.1.2 Schiefer Wurf 52

5.2 Gedämpfte Schwingung 54

5.3 Satellitenbahnen 56

5.4 Zweikörperproblem der Gravitation 59

6 Simulationen aus Biologie und Ökologie 65

6.1 Grenzen natürlichen Wachstums 65

6.1.1 Kampf um gemeinsame Nahrungsquellen 65

6.1.2 Populationsentwicklung im Räuber-Beute-System 67

6.1.3 Selbstvergiftung durch Umweltverschmutzung 70

6.2 Eingriffe in ökologische Systeme 71

6.2.1 Schädlingsbekämpfung durch Aussetzen steriler Männchen 71

6.2.2 Gefahren der Überfischung 72

6.3 Ausbreitung einer Epidemie 73

7 Aufgaben aus Wirtschafts- und Sozialwissenschaften 75

7.1 d'Hondtsches Höchstzahlverfahren 75

7.2 Prognosen zum Kaufverhalten 78

7.3 Volkswirtschaftsmodelle 79

8 Aus der Welt des Zufalls 83

8.1 Theoretische Fahrprüfung: Ein Ratespiel? 83

8.2 Erzeugung von Zufallszahlen 84

8.3 Monte-Carlo-Methode zur Flächenberechnung 86

8.4 Würfel- und Lottospiele 87

8.5 Irrfahrten 90

8.6 Kinder lernen spielend das 1×1 93

9 Probieren mit Methode 96

9.1 Methode der fortgesetzten Halbierung 96

9.2 Allgemeines Iterationsverfahren 99

9.3 Gleichungen dritten Grades 103

9.4 Iteration von Gleichungssystemen (Gesamt- und
Einzelschrittverfahren 106

**10 Die Kaninchen des Signore Fibonacci und andere Aspekte
der numerischen Analysis** 111

10.1 Rekursive Folgen 111

10.2 Der Reinfall mit der harmonischen Reihe 112

10.3 Tabellierung von Funktionen: Eine Alternative zur
Kurvendiskussion? 113

10.4 Numerische Differentiation 115

10.5 Näherungsweise Bestimmung von Nullstellen 116

10.5.1 Newtonverfahren 116

10.5.2 Sekantenverfahren (regula falsi) 118

10.6 Leistungsanpassung, Verkehrsprobleme, Absatzsorgen:
Auf der Suche nach lokalen Extrema 119

10.7 Numerische Integration 124

10.7.1 Trapezverfahren 124

10.7.2 Simpsonverfahren 126

10.8 Differentialgleichungen 128

11 Spielereien 131

11.1 Zahlen raten 131

11.2 Auf Los gehts los! 134

11.3 Streichholzspiel 135

11.4 Mondlandespiel 137

Anhang 140

Literaturverweise 140

Anmerkungen 140

Sachwortverzeichnis 143

1 Zum Gebrauch von BASIC-Taschencomputern (BTC)

1.1 Unterschied zwischen manuellem und programmgesteuertem Rechnen

Vorgelegt sei ein mathematischer Ausdruck wie z. B. $1{,}3x^2 - 4{,}8\,x + 2{,}7$. Die Aufgabe bestehe darin, zu mehreren Belegungen der Variablen x die Werte des Terms zu bestimmen. Wenn man den BTC wie einen normalen Taschenrechner benutzen würde, müßte man eintippen:

(x = − 5)	1.3 * (− 5) * (− 5) − 4.8 * (− 5) + 2.7	ENTER	(Ergebnis) 59.2
	1.3 * (− 2) * (− 2) − 4.8 * (− 2) + 2.7	ENTER	17.5
	1.3 * 1.78 * 1.78 − 4.8 * 1.78 + 2.7	ENTER	− 1.72508

usw.; offenbar eine langweilige und tippfehleranfällige Arbeit. Man kann die Durchführung der Rechnungen erheblich vereinfachen, indem man den Teil der Befehlsfolge, der sich stets wiederholt, nur *einmal* als *Programm* in den dafür vorgesehenen Speicher lädt:

```
10:INPUT X
20:PRINT 1.3 * X * X − 4.8 * X + 2.7
30:GOTO 10
```

Jedes BASIC-Programm ist in Zeilen gegliedert, die im Zehnerabstand durchnumeriert sind. In der ersten Zeile unseres Beispiels erhält der Rechner den Befehl abzuwarten, bis der Benutzer eine Zahl eingegeben hat. Nach dem ENTER-Signal schafft der Rechner diese Zahl in einen Speicher namens X und beginnt anschließend mit der Abarbeitung der zweiten Zeile. Hier findet er den Befehl vor, den Inhalt des Speichers X rechnerisch so zu verknüpfen, wie es der mathematische Ausdruck vorsieht, und den Wert des Ausdrucks anschließend anzuzeigen. In der letzten Zeile befindet sich die Anweisung, zur ersten Zeile zurückzuspringen und das Programm erneut zu durchlaufen.

Natürlich muß man den Rechner *vor* dem Eintasten der Befehlsfolge darauf vorbereiten, daß ein Programm aufgenommen werden soll. Zu diesem Zweck drückt man z.B. beim PC-1212 auf die Taste MODE; auch bei anderen BTC muß man drei *Betriebsarten* genau voneinander unterscheiden:

1. *Rechnen*	„handgesteuertes Rechnen", wie beim gewöhnlichen Taschenrechner
2. *Programmaufnahme*	Abspeichern von Befehlen in den Programmspeicher
3. *Programmdurchführung*	„programmgesteuertes Rechnen", d. h. die Rechnungen verlaufen gemäß einer im Programmspeicher befindlichen Befehlsfolge; der Benutzer hat — vorübergehend — das Steuer aus der Hand gegeben

Zur Durchführung eines Programms betätigt man nach Eintasten der Befehlsfolge zunächst wieder die MODE-Taste und tippt anschließend die Buchstaben RUN ein. In unserem Fall spielt sich dann folgender kleine Dialog ab:

Rechner	Benutzer
?	−5 ENTER
59.2	ENTER
?	−2 ENTER
17.5	ENTER
?	1.78 ENTER
− 1.72508	(usw.)

Die Vorteile programmgesteuerten Rechnens liegen auf der Hand, zumal sich Programme mit dem Kassettenrekorder konservieren lassen und bei Nutzung solcher *Programmbibliotheken* kein (erneutes) Eintasten der Befehlsfolgen erforderlich ist.

1.2 Algorithmen und ihre Darstellungsformen

Das Eingangsbeispiel konnte man direkt in BASIC formulieren. Bei umfangreicheren Fragestellungen sind Aufeinanderfolge und Art der durchzuführenden Rechenvorgänge — der sog. Algorithmus — zunächst noch gar nicht bekannt; es stellt sich dann die doppelte Aufgabe:

1. zum vorgelegten Problem einen passenden Algorithmus zu finden und
2. den Algorithmus in die dem Rechner verständliche Sprache, hier also BASIC, zu übersetzen.

Zur Entwicklung und Übersetzung von Algorithmen gibt es organisatorische Hilfen wie *Flußdiagramm (Programmablaufplan)*, *Struktogramm (Nassi-Shneiderman-Diagramm)* und *Verbale Notation* (unter Verwendung genormter Sprachelemente). Wir erläutern sie anhand der Aufgabe, alle Teiler einer natürlichen Zahl z zu bestimmen.

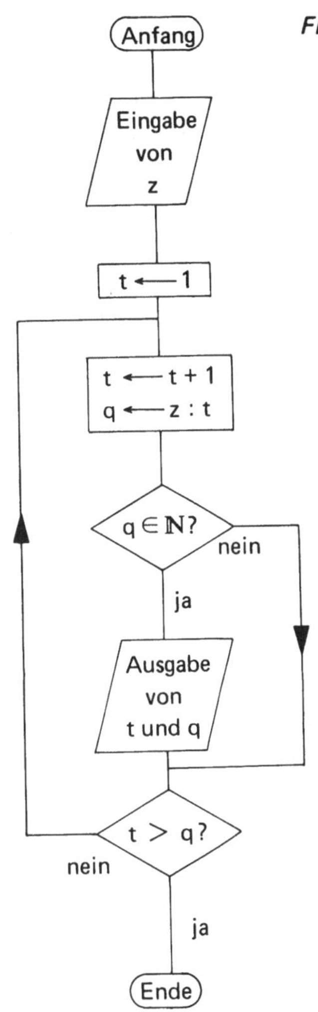

Flußdiagramm

Struktogramm

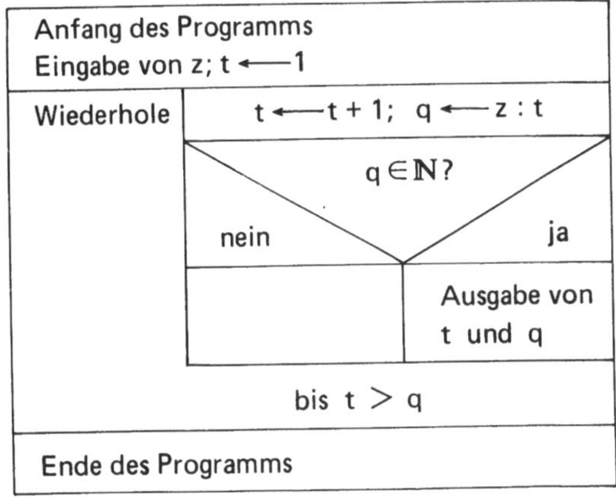

Verbale Notation

Anfang des Programms
Eingabe von z
t ←—1
Wiederhole $\left[\begin{array}{l} \text{t} \leftarrow \text{t} + 1; \quad \text{q} \leftarrow \text{z} : \text{t} \\ \textit{Wenn } \text{q} \in \mathbb{N} \textit{ dann Ausgabe} \\ \text{von t und q} \end{array}\right]$

                    bis t > q

Ende des Programms

Allgemeine Erläuterungen

Der Computer soll die Teiler der Zahl z berechnen, indem er z nacheinander durch $t = 2, 3, 4, 5, \ldots$ teilt und im Falle eines ganzzahligen Quotienten t und q ausgibt. In den Ablaufplänen stellen z, t und q *Speicher* dar. Zu Beginn wird der Speicher namens z vom Benutzer über die Tastatur des Rechners mit der zu untersuchenden Zahl belegt. Diese *Eingabe* ist streng zu unterscheiden von einer *Zuweisung* wie $t \leftarrow 1$ oder $t \leftarrow t + 1$, erkennbar an dem nach links gerichteten kurzen Pfeil. Letztere besagt, daß dem links stehenden Speicher die rechtsstehende Zahl bzw. der *Wert* des rechts stehenden mathematischen *Ausdrucks* zugewiesen werden soll. Im Falle $t \leftarrow t + 1$ schafft der Rechner beispielsweise zunächst ein Duplikat der im Speicher t befindlichen Zahl in das Rechenwerk, zählt dort 1 hinzu und überschreibt dann mit diesem Wert den alten Inhalt des Speichers t. Ähnliches gilt für $q \leftarrow z : t$.

Indem außer t jedesmal q mit angezeigt wird, kann man aus dem *Wiederholungsblock* austreten, sobald die *Abfrage* $t > q$ zu bejahen ist, also der Divisor den Quotient übertrifft!

Zu den Symbolen des Flußdiagramms

Grenzstelle

Ovale wie diese werden zur Kennzeichnung von Anfang und Ende von Programmen und Programmteilen benutzt.

Eingabe / Ausgabe

Parallelogramme werden jedesmal dann verwandt, wenn der Benutzer den Dialog mit der Maschine braucht, z. B. um der Maschine irgendwelche Daten (Zahlen) mitzuteilen oder von der Maschine Ergebnisse zu erhalten.

Verarbeitung

Damit werden Operationen eingerahmt, die vom Programm her gesteuert werden, beim Rechteck sind also im Gegensatz zum Parallelogramm keine handgesteuerten Eingriffe möglich.

Verzweigung

Eine Verzweigung macht eine *Abfrage* zur Überprüfung der gestellten Bedingung nötig; manche sprechen auch davon, daß der Computer an der betreffenden Stelle eine *logische Entscheidung* zu treffen habe.

Zu beachten ist, daß die Raute im Flußdiagramm stets drei Anschlüsse aufweist; einen *Eingang* und zwei *Ausgänge*.

Wiederholung

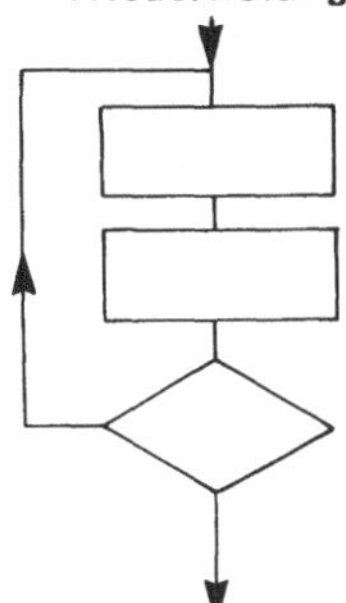

Die nach oben gebogene *Schleife* umfaßt einen *Block* zu wiederholender Anweisungen. Damit man keine *Endlosschleife* erhält, muß jeder *Wiederholung* eine *Austrittsbedingung* beigefügt werden!

Diese Bedingung kann auch inmitten des Blocks stehen oder am Anfang, s. u.

Zur Symbolik des Struktogramms und der Verbalen Notation

Ein- und Ausgaben werden nicht von der Verarbeitung besonders abgehoben. *Verzweigung* und *Wiederholung* sehen isoliert betrachtet so aus: (Genormte Sprachelemente sind kursiv gesetzt)

Verzweigung

(Im Unterschied zur einfachen *Wenn-dann*-Abfrage des Demonstrationsbeispiels werden bei einer *Wenn-dann-sonst*-Abfrage auch im Nein-Fall Anweisungen erteilt)

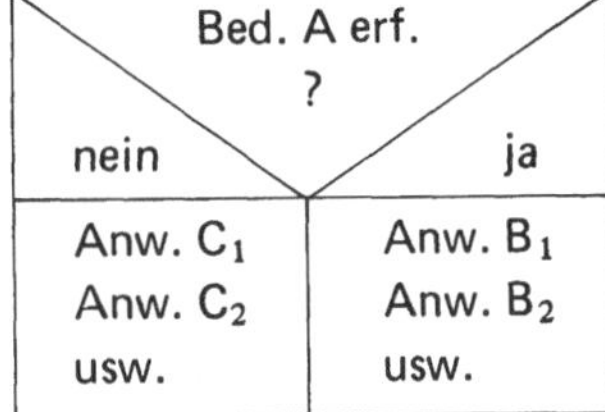

Programmschritte vor der Verzweigung ...

Wenn Bedingung A erfüllt ist
dann Anweisungen B_1, B_2 usw. ausführen
sonst Anweisungen C_1, C_2 usw. ausführen

Programmschritte nach der Verzweigung ...

Wiederholung

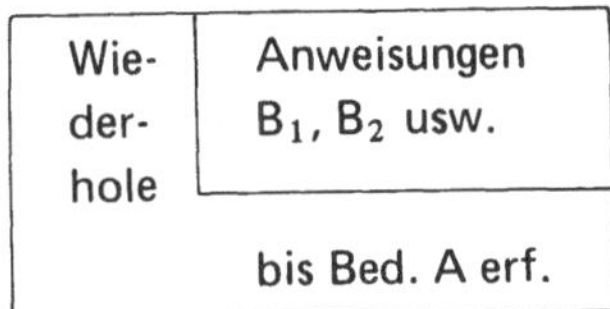

Wiederholung mit Abfrage am Ende
Programmschritte vor der Wiederholung ...

Wiederhole   Anweisung B_1
Anweisung B_2
usw.

    bis Bedingung A erfüllt ist

Programmschritte nach der Wiederholung ...

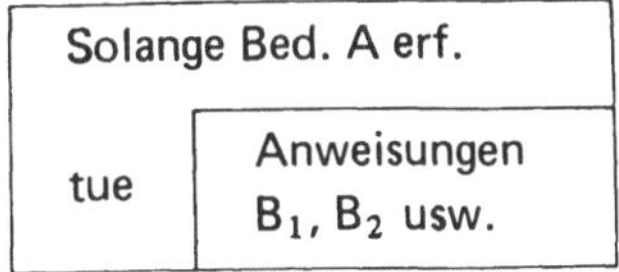

Wiederholung mit Abfrage am Anfang
Programmschritte vor der Wiederholung ...

Solange Bedingung A erfüllt ist, *tue* (folgendes)

Anweisung B_1
Anweisung B_2
usw.

Programmschritte nach der Wiederholung ...

Man beachte auch den Umstand, daß man nur *vor* oder *nach* dem Block der zu wiederholenden Anweisungen aussteigen kann, wenn man sich der verbalen Notation oder des Struktogramms bedient, während man mit dem Flußdiagramm auch Zwischenaustritte zu formulieren vermag. Der erstgenannte Nachteil wird aber bei umfangreicheren Programmen durch den Vorteil der besseren Verständlichkeit (des Algorithmus) mehr als ausgeglichen.

Das Flußdiagramm beansprucht gegenüber den anderen Darstellungsformen mehr Platz und wird deshalb in diesem Buch nicht so häufig verwandt. Andererseits gerät man bei Struktogrammen von einer gewissen *Schachtelungstiefe* ab in Platznot, vgl. 2.4.4. Die Verbale Notation weist diese Nachteile nicht auf, vermag aber Verzweigungen und Wiederholungen optisch nicht so gut hervorzuheben. Welchen der genannten Hilfsmittel der Vorzug zu geben ist, läßt sich schwer entscheiden. Ein allgemeiner Ablaufplan vor Zusammenstellung der BASIC-Befehle erleichtert jedoch in der Regel den Abstieg von der problemorientierten Ebene auf die Sprachebene des Computers.

Hier noch eine Übersetzung des Beispiels:

	Testergebnis für z = 1155	
10: INPUT Z		
20: T = 1	3	385
30: T = T + 1	5	231
40: Q = Z/T	7	165
50: IF Q = INT Q PRINT T, Q	11	105
60: IF T < = Q THEN 30	15	77
70: END	21	55
	33	35

Der Zuweisungspfeil wird durch das Gleichheitszeichen realisiert; erfolgt die Zuweisung nach einem IF, muß noch ein LET vorangestellt werden. Mit dem INTeger-Befehl wird der Vorkommateil der im Speicher Q befindlichen Zahl gebildet und auf ein Vergleichsregister gebracht. In Zeile 60 könnte man statt THEN 30 auch GOTO 30 schreiben.

1.3 Die auf dem BTC verfügbaren Sprachelemente

Das folgende Befehlsrepertoire des PC-1212 ist repräsentativ für BASIC-Taschencomputer und zeigt auf einen Blick Möglichkeiten und Grenzen der Programmierung.

Zahlendarstellung: Normierte Gleitpunktform mit zehnstelliger Mantisse und zweistelligem Exponent sowie zwei zusätzlichen Stellen zum Ausgleich von Abbruch- und Rundungsfehlern.

Operationen: $+ - * / \wedge$ (Potenzieren) und Klammerbildung.

Standardfunktionen: INT, ABS (Absolutwert), SGN (Vorzeichen), $\sqrt{\ }$, EXP (e-Funktion), LN (natürlicher Logarithmus), LOG (Zehnerlogarithmus), SIN, COS, TAN nebst Kehrfunktionen ASN, ACS, ATN.

Sonderfunktionen: BEEP (Signalton), RAD. (Radiant, Bogenmaß), DEG. (Altgrad), GRAD (Neugrad).

Ein- und Ausgabe: INPUT (mit Kommentarmöglichkeit), PRINT und PAUSE (0,85 Sekunden) mit Möglichkeiten der USING-Maske.

Speicher (Variablen): 26 unabhängige Speicher und bis zu 178 Speicher auf Kosten des Programms (Gesamtspeicher knapp 2 k-Byte) für Zahlen oder strings (Zeichenketten, 7 Zeichen pro Speicher).

Möglichkeit zur Bildung eindimensionaler Felder; indirekte Adressierung

Vergleichsoperatoren: Bei Zahlen $= < \leqslant \neq > \geqslant$, bei Zeichenketten nur $=$.
Verknüpfung zu $+$ (und) bzw. $*$ (oder) möglich.

Verzweigungen: IF (Wenn Bedingung erfüllt, wird Rest der Zeile abgearbeitet, sonst wird sofort zur nächsten Zeile übergegangen. Bedingung mit Zahlen in der Form 1. Ausdruck ... Vergleichsoperator ... 2. Ausdruck möglich, Bedingung mit Zeichenketten nur in der Form Variable ... Vergleichsoperator ... Variable (Zeichenkette).

Sprunganweisungen: GOTO und GOSUB (RETURN). Sprungziel durch Angabe einer Zeilennummer, eines Labels (Sprungmarke, auch Textlabel), einer Variablen (Inhalt der Variablen dient als Adresse, auch Zeichenvariable erlaubt) oder eines Ausdrucks (Adresse gleich Wert des Ausdrucks).

Wiederholungen durch GOTO und IF-Abfrage oder mittels FOR-Schleife (mit STEP, auch rückwärts)

Einschränkungen ergeben sich bei der Benutzung des BTC im Vergleich zu *Homecomputern* hauptsächlich unter drei Gesichtspunkten:

I Infolge geringerer Speicherkapazität begrenzte Programmlänge und wenig Datenstrukturen (nur eindimensionale Felder); außerdem kaum string-Operationen.

II Geringere Rechengeschwindigkeit, die sich vor allem bei geschachtelten Schleifen bemerkbar macht

III Einzeilige, 24 Zeichen breite LCD-Anzeige anstelle der 25 mal 40 (80) Zeichen der Bildschirmausgabe.

Dafür ist der BTC billiger und kann in der Jackentasche getragen werden.

1.4 Allgemeine Vorschläge zur Programmerstellung

Wer Wert darauf legt, daß sein Programm auch von anderen verstanden und — vielleicht sogar auf beliebigen Computern — nachvollzogen werden kann, sollte einige Grundsätze beachten, die der *Portabilität* des Programms förderlich sind.

1. Programm in einzelne Blöcke gliedern, die in sich abgeschlossene Teilleistungen enthalten und nur über *einen Eingang* zu erreichen und über *einen Ausgang* zu verlassen sind (Mit GOTO-Sprüngen sparsam umgehen!)

2. Die einzelnen Blöcke, insbesondere Unterprogramme, durch *selbsterklärende* Namen (Textlabels) kennzeichnen. (Dies ist bei den Variablen leider nicht möglich!)

3. Jeder Daten*eingabe* eine entsprechende *Aufforderung* voranschicken.

4. Jede Daten*ausgabe* mit einem entsprechenden *Kommentar* versehen.

5. Auf maschinenspezifische Optimierungen verzichten.

6. Programm dokumentieren. Dazu gehören

Kurzbeschreibung des mit dem Programm zu lösenden Problems; allgemeiner Ablaufplan, BASIC-Übersetzung, Testergebnisse.

Das Flußdiagramm faßt noch einmal die wichtigsten Aspekte für den organisatorischen Ablauf zusammen.

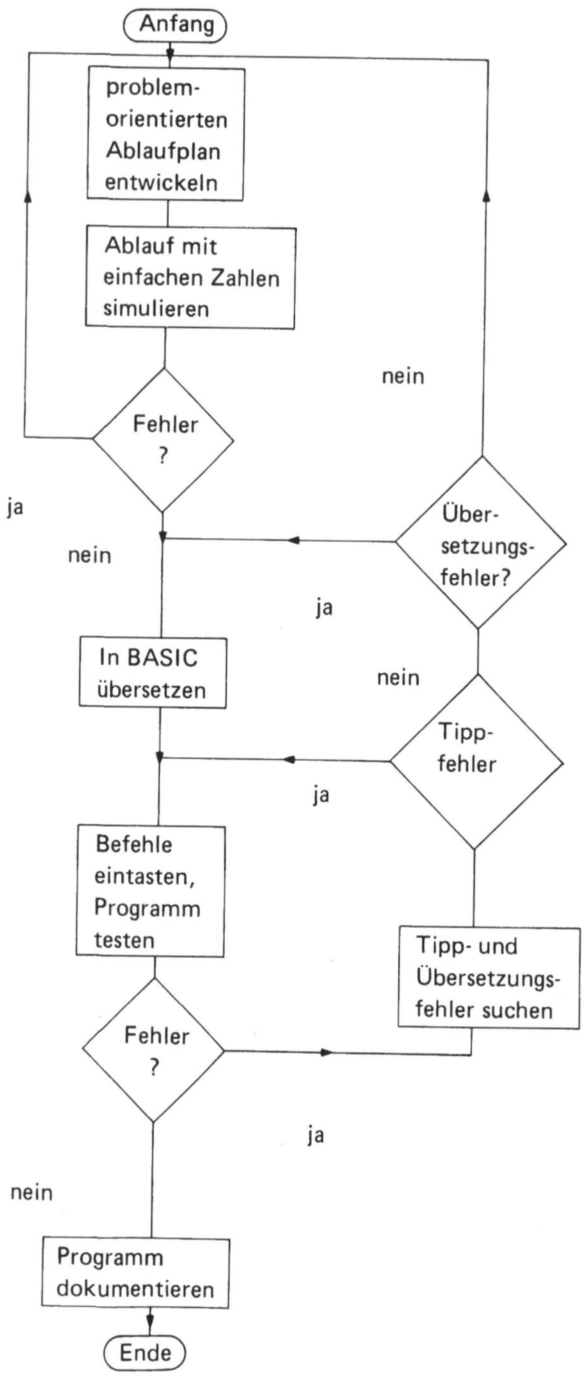
Anfang
problem-
orientierten
Ablaufplan
entwickeln
Ablauf mit
einfachen Zahlen
simulieren
Fehler
?
ja
nein
In BASIC
übersetzen
Befehle
eintasten,
Programm
testen
Fehler
?
nein
Programm
dokumentieren
Ende
nein
Über-
setzungs-
fehler?
ja
nein
Tipp-
fehler
ja
Tipp- und
Übersetzungs-
fehler suchen
ja

2 Der BTC als Rechenhilfe

2.1 Länge von Bremswegen

a) Problemstellung

Im Zusammenhang mit der Fahrschulausbildung interessieren sich Führerscheinaspiranten öfter für die Länge von Bremswegen in Abhängigkeit von den Straßenverhältnissen und der eigenen „Schrecksekunde". In der Beziehung

$$s = \frac{v^2}{2a} + v \cdot t$$

gibt „s" den gesuchten Weg in m an, wenn „v" mit der Geschwindigkeit in m/s und „t" mit der „Schreckzeit" in s belegt werden und „a" die vorzugebende Verzögerung in m/s^2 enthält. Wer sich einen Überblick über die verschiedenen Möglichkeiten verschaffen will, könnte zwar zur Not auch mit einem einfachen Taschenrechner arbeiten; wesentlich bequemer wird er sich die erwünschten Fakten aber über ein Programm zusammenstellen können:

b) BASIC-Übersetzung

```
10: INPUT "VERZOEGERUNG (M/SS) :ʮ"; A
20: INPUT "SCHRECKSEKUNDEN :ʮ"; T
30: INPUT "GESCHWINDIGKEIT (KM/H) :ʮ"; V
40: V=V/3.6 : S=0.5/A*V*V+V*T
50: USING "####.##" : PRINT S; "M BREMSWEG"
60: GOTO 30
```

Der Programmablauf muß mit der break-Taste beendet werden; der Befehl USING "####.##" bereitet ein Ausgabeformat von 3 Vorkommastellen und 2 Nachkommastellen vor (Ein Kreuz ist für ein evtl. Vorzeichen reserviert).

c) Testergebnisse

Verzögerung Tempo	8	3,858	2,5	1,5
50	12,06 (21,78)	25 (34,72)	38,58 (48,30)	64,30 (74,02)
80	30,86 (46,42)	64 (79,56)	98,77(114,32)	164,61(180,16)
100	48,23 (67,67)	100(119,45)	154,32(173,76)	257,20(276,65)
130	81,50(106,78)	169(194,28)	260,80(286,08)	434,67(459,95)
160	123,46(154,57)	256(287,11)	395,06(426,17)	658,44(689,55)

In der Tabelle sind die Geschwindigkeiten der linken Randspalte in km/h und die Verzögerungen der oberen Randzeile in m/s^2 angegeben. Die ersten drei Spalten im Innern ent-

halten die Bremswege eines PKW bei Zugrundelegung der bestmöglichen Verzögerung, der
der Faustregel der Fahrschulen zugrunde liegenden Verzögerung und der für Kfz vorge-
schriebenen Mindestverzögerung.

In der vierten Spalte sind die Bestwerte für Stahl-auf-Stahl, also die bei Eisenbahn und
Straßenbahn erzielbaren Verzögerungen, wenn ohne Sand gebremst würde, eingetragen.
(Haftungskoeffizient Gummi — Asphalt 0,8; Stahl — Stahl 0,15)
(Die eingeklammerten Werte setzen t = 0,7 voraus.)

2.2 Ölvorrat im querliegenden Zylinder

a) Problemstellung

Ein Vorratsbehälter für Heizöl — ein im Erdreich befindlicher Zylindertank von 7000 ℓ
Fassungsvermögen — ist mit einem Zeigerinstrument verbunden, das lediglich die prozen-
tuale Höhe des Ölstands angibt. 100 % entspricht dem Durchmesser, dessen Maßzahl an einer
Eichschraube eingestellt werden muß. (Bild 2.1)

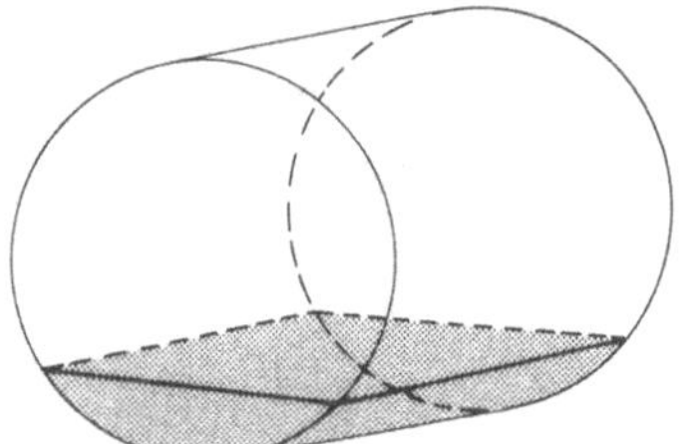

Diese Prozentskala sagt direkt wenig über die noch im Behälter vorhandene Ölreserve aus,
da sie nicht proportional zum Zylindervolumen verläuft. Einem Prozent entsprechen bei
vollem bzw. fast geleertem Tank 12 ℓ, bei halbvollem Tank hingegen 89 ℓ! Hilfreich wäre
daher eine Tabelle, die den einzelnen Prozentpunkten jeweils die Ölmenge in Litern zu-
ordnet. Mit ein wenig Trigonometrie kann diese Umrechnung leicht arrangiert werden
(Bild 2.2).

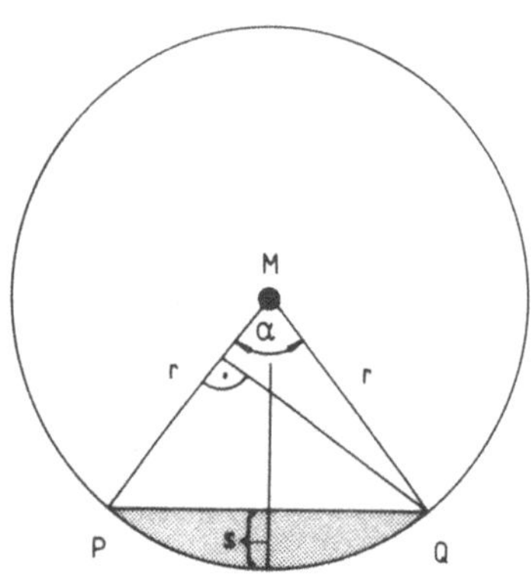

Das Volumen eines Zylinders ist das Produkt aus Kreisfläche mal Länge, daher ist unser Problem schon gelöst, wenn wir die Fläche A des Kreissegments unter PQ als Funktion der Füllhöhe s darstellen können. Dies geschieht am einfachsten unter Einbeziehung des Mittelpunktwinkels α:

$$\frac{r-s}{s} = \cos\frac{\alpha}{2} \quad\text{oder}\quad \alpha = 2 \cdot \arccos\frac{r-s}{s}$$

Nun kann man die Fläche des Dreiecks PMQ berechnen, indem man das Lot von Q auf PM als Höhe verwendet

$$A_d = 1/2 \cdot r \cdot (r \cdot \sin\alpha)$$

Die Fläche des Sektors A_s gewinnt man aus der Proportion

$$A_s/r^2 \pi = \alpha_B/2\pi$$

und somit auch

$$A = A_s - A_d = \frac{1}{2} r^2 \alpha_B - \frac{1}{2} r^2 \sin\alpha = \frac{1}{2} r^2 (\alpha_B - \sin\alpha)$$

b) Allgemeiner Ablaufplan

Eingabe des Fassungsvermögens V (in Litern)	
Wiederhole *von* I = 1	$\alpha_B \leftarrow 2 \cdot \arccos(1 - I \cdot 0{,}02)$ $A \leftarrow (\alpha_B - \sin\alpha_B)/2; \quad R \leftarrow \dfrac{A}{\pi} V$ *Ausgabe* von I und R (in Litern)
bis I = 100	

Erläuterungen:

Man kann r = 1 setzen, weil nicht A selbst, sondern nur der Quotient aus A und der Kreisfläche benötigt wird. Multipliziert man diesen mit dem Volumen V, so erhält man die Reserve R.

c) BASIC-Übersetzung

```
10: INPUT "TANKVOLUMEN IN LITERN", V
20: FOR I=1 TO 100
30: W=2*ACS (1−I*0.02)
40: A=0.5*(W−SIN W):R=A/π*V
41: IF R−INT R >= 0.5 LET R=R+1
42: R=INT R
50: PRINT I;"% ⌴";R;"LITER"
60: NEXT I
70: END
```

Wichtig ist die Einstellung des Bogenmaßes durch die Befehlsfolge RADIAN ENTER vor Programmablauf. Man könnte dies auch innerhalb des Programms bewirken, indem man z. B. eine Zeile 11 RADIAN (und 61 DEGREE) einfügte.

Die Zeilen 41 und 42 dienen der Rundung mit Hilfe des Integerbefehls (ganzzahliger Anteil v . R); man beachte, daß vor einer Zuweisung nach IF ein LET unumgänglich ist!

d) Testausdruck (Auszüge)

```
  1.%   12.LITER        40.%  2615.LITER        80.%  6003.LITER
  2.%   33.LITER        41.%  2702.LITER        81.%  6074.LITER
  3.%   61.LITER
  4.%   94.LITER        49.%  3411.LITER        90.%  6636.LITER
  5.%  131.LITER        50.%  3500.LITER        91.%  6688.LITER
                        51.%  3589.LITER
 20.%  997.LITER                                99.%  6988.LITER
 21.% 1069.LITER        60.%  4385.LITER       100.%  7000.LITER
                        61.%  4472.LITER
 30.% 1766.LITER
 31.% 1848.LITER        70.%  5234.LITER
                        71.%  5315.LITER
```

2.3 Tilgungspläne für Hypotheken

a) Problemstellung

Hypotheken werden von vielen Banken zu unterschiedlichsten Bedingungen angeboten, wobei auch die allgemeine konjunkturelle Lage eine Rolle spielt. Außer der Schuld S selbst sind die wichtigsten Faktoren

— der Zinssatz p und die zugehörige Laufzeit n
— der Anfangstilgungssatz t
— der Auszahlungskurs bzw. das Disagio oder Damnum d

Nehmen wir der Einfachheit halber an, jemand nähme 100000 DM, bei 8 % 10 Jahre fest, zu einem Auszahlungskurs von 96 % auf. Dann erhält er 96000 DM, das Disagio von 4 % bedeutet einen Verlust von 4000 DM. Aus dem Zinssatz 8 % und einem Anfangstilgungssatz 2 % errechnet sich die konstante Jahresrate von 10000 DM; die Frage ist nun, wie weit die Schuld nach 10 Jahren abgetragen ist. Am Ende des 1. Jahres ist die Restschuld auf 100000 DM − 2000 DM = 98000 DM zurückgegangen, so daß für das 2. Jahr nur noch 8 % von 98000 DM = 7840 DM Zinsen berechnet werden. Dies hat zur Folge, das die Tilgung geringfügig auf 10000 DM − 7840 DM = 2160 DM ansteigt. Die Restschuld am Ende des 2. Jahres wäre demnach 98000 DM − 2160 DM = 95840 DM. Wenn man auf diese Weise weiter rechnet, stellt sich heraus, daß am Ende des 10. Jahres die Restschuld noch 71027 DM beträgt. Sie wäre noch erheblich größer, wenn — wie vielfach üblich — die Anfangstilgung nur 1 % der Schuld betragen hätte. Im übrigen demonstrieren die Rechnungen eine langsame Verschiebung des Verhältnisses Zinsen/Tilgung von „Viel Zinsen"/„Wenig Tilgung" zu „Wenig Zinsen"/„Viel Tilgung", was jedoch bei kurzer Laufzeit des Zinssatzes und anschließender Erhöhung desselben wieder zunichte gemacht werden kann. Mit einem Computer kann man die verschiedenen Bankangebote auch auf diese Auswirkungen hin vorab überprüfen.

b) Allgemeiner Ablaufplan

<table>
<tr><td colspan="2">Eingabe: Darlehen S; Disagio d (in %); Zinssatz p; Anfangstilgung t (in %)
            Laufzeit n (in Jahren)

V ⟵ d/100 · S; Ausgabe von V (Disagio)
R ⟵ (p + t)/100 · S; Ausgabe von R (Jahresrate)
k ⟵ 1</td></tr>
<tr><td>Wiederhole</td><td>Ausgabe von k (laufendes Jahr)

Z ⟵ S · p/100; Ausgabe von Z (Zinsen im k-ten Jahr)
T ⟵ R − Z; Ausgabe von T (Tilgung im k-ten Jahr)
S ⟵ S − T; Ausgabe von S (Restschuld nach k Jahren)
k ⟵ k + 1; V ⟵ V + Z</td></tr>
<tr><td colspan="2" align="center">bis k = n + 1   oder   S < R</td></tr>
<tr><td colspan="2">Ausgabe von V (Verlust durch Zinsen und Disagio während n Jahren)</td></tr>
</table>

Anmerkung:

Der Wiederholungsblock wird verlassen, wenn die Laufzeit für den vereinbarten Zinssatz zuende ist oder wenn die Restschuld die Jahresrate unterschreitet, was bei hoher Anfangstilgung und langer Laufzeit möglich wäre.

c) BASIC-Übersetzung

```
10:INPUT "DARLEHEN?⌞";S
20:INPUT "DISAGIO IN %⌞?⌞";V
30:INPUT "ZINSSATZ?⌞";P
40:INPUT "ANFANGSTILGUNG IN % ?⌞";T
50:INPUT "LAUFZEIT IN JAHREN ?⌞";N
60:PRINT "DARL.⌞";S;"DM"
70:PRINT "DISAGIO⌞";V;"%"
80:PRINT "ZINSSATZ⌞";P;"%"
90:PRINT "TILGUNG⌞";T;"%"
100:PRINT "LAUFZEIT⌞";N;"J."
110:PRINT " "
120:V=V/100*S
130:PRINT "DISAGIO⌞";V;"DM"
140:R=(P+T)/100*S
150:PRINT "J.−RATE⌞";R;"DM":PRINT " "
160:K=1
162:USING "#######.##"
164:IF K=N+1 THEN 220
170:IF S<RTHEN 220
175:PRINT K;"JAHR"
180:Z=S*P/100:PRINT "ZINS";Z;"DM"
190:V=V+Z:T=R−Z:PRINT "TILG";T;"DM"
200:S=S−T:PRINT "REST";S;"DM"
205:K=K+1
210:GOTO 164
220:PRINT "⌞":PRINT "VERLUST ZUSAMMEN";V;"DM"
240:END
```

c) Testausdruck

```
DARL.  160000.DM        ZINS   10296.00DM              ● ● ● ●
DISAGIO 5.75%           TILG    1704.00DM              14.00JAHR
ZINSSATZ 6.5%           REST  156696.00DM       ZINS    8372.01DM
TILGUNG 1.%                      3.00JAHR       TILG    3627.98DM
LAUFZEIT 15.J.          ZINS   10185.24DM       REST  125172.32DM
                        TILG    1814.76DM              15.00JAHR
DISAGIO 9200.DM         REST  154881.24DM       ZINS    8136.20DM
J.-RATE 12000.DM                 4.00JAHR       TILG    3863.79DM
                        ZINS   10067.28DM       REST  121308.52DM
            1.00JAHR    TILG    1932.71DM
ZINS   10400.00DM       REST  152948.52DM       VERLUST ZUSAMMEN
TILG    1600.00DM                5.00JAHR           150508.52DM
REST  158400.00DM       ZINS    9941.65DM
            2.00JAHR    TILG    2058.34DM
                        REST  150890.17DM
```

2.4 Helfer bei Schulaufgaben

2.4.1 g.g.T. und k.g.V.

a) Mathematische Vorüberlegungen

Wichtige Begriffe der Zahlentheorie sind der *größte gemeinsame Teiler g.g.T.* und das *kleinste gemeinsame Vielfache k.g.V.* zweier Zahlen. Wenn etwa u = 36 und v = 24, so ist der g.g.T. von u und v 12 und das k.g.V. von u und v 72.

Zur Berechnung des g.g.T. verwendet man den *Euklidschen Algorithmus,* hierfür einige Beispiele:

u = 36; v = 24	u = 21; v = 8	u = 39; v = 21
36 : 24 = 1 Rest 12	21 : 8 = 2 Rest 5	39 : 21 = 1 Rest 18
24 : 12 = 2 Rest 0	8 : 5 = 1 Rest 3	21 : 18 = 1 Rest 3
der g.g.T. von	5 : 3 = 1 Rest 2	18 : 3 = 6 Rest 0
36 und 24 ist 12	3 : 2 = 1 Rest 1	der g.g.T. von
	2 : 1 = 2 Rest 0	39 und 21 ist 3
	der g.g.T. von	
	21 und 8 ist 1	

Die Beispiele zeigen zweierlei: Erstens wird der Rest nach endlich vielen Schritten Null und zweitens ist der g.g.T. gleich jenem Divisor, der den Rest Null bewirkt; daß dies kein Zufall ist, sieht man folgendermaßen ein:

$u : v = k$ Rest R bedeutet $u : v = k + \frac{R}{v}$ oder $u = k \cdot v + R$; wenn nun t irgendeinen gemeinsamen Teiler von u und v darstellt, so muß t auch gemeinsamer Teiler von v und R sein, denn wenn man beide Seiten der letzten Gleichung durch t teilt, entsteht links eine natürliche Zahl und bei der Division des ersten Summanden rechts ebenfalls, dann muß aber auch der zweite Summand R bei der Division durch t ohne Rest bleiben! Folglich kann man anschließend den g.g.T. von v und R bestimmen, d. h. aber für v und R gelten anstelle von u und v auch die gerade angestellten Überlegungen usw.; wenn schließlich der Rest Null auftritt, so ist offensichtlich der Divisor der gemeinsame Teiler von Dividend und Divisor und damit auch der größtmögliche Teiler des Ausgangspaares u und v. Ist dieser Divisor 1, so haben die beiden Zahlen keinen echten Teiler gemeinsam, sie sind dann *teilerfremd.*

b) Allgemeiner Ablaufplan

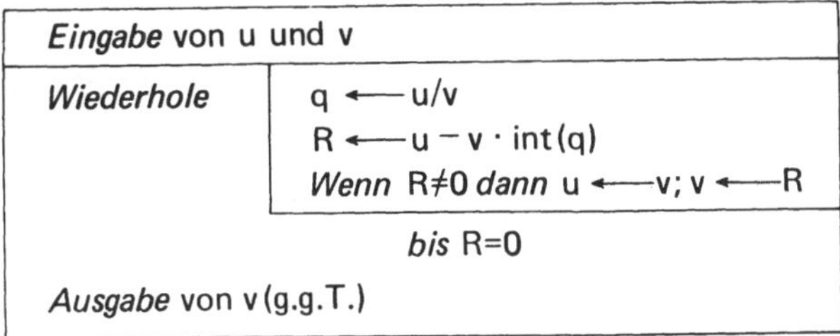

Durch int(q) wird der Vorkommateil des Quotienten u/v gebildet.

Das kleinste gemeinschaftliche Vielfache zweier Zahlen u und v kann man dadurch erhalten, daß man deren Produkt durch den g.g.T. teilt, also

$$\text{k.g.V. von } (u, v) = \frac{u \cdot v}{\text{g.g.T. von } (u, v)}$$

Begründung: Sei T der g.g.T. von u und v, dann sind $u_1 = u : T$ und $v_1 = v : T$ bezüglich eines gemeinsamen Divisors die kleinstmöglichen ganzzahligen Ergebnisse. Es gilt

$$u \cdot v = u_1 \cdot T \cdot v_1 \cdot T \quad \text{bzw.} \quad \frac{u \cdot v}{T} = u_1 \cdot v_1 \cdot T \; ;$$

der rechte Term der letzten Gleichung ist aber sowohl das u_1-fache von v als auch das v_1-fache von u und daher das kleinste gemeinsame Vielfache von u und v.

Im Programmablaufplan müssen lediglich u und v zusätzlich abgespeichert werden, damit am Ende das Produkt durch den g.g.T. dividiert werden kann, da die im bisherigen Programm benutzten beiden Speicher ihre ursprünglichen Inhalte während des Ablaufs verlieren.

c) BASIC-Übersetzung

```
10:INPUT U,V:A=U:B=V
20:Q=U/V:R=U−V*INT Q
30:IF R<>0 LET U=V,V=R:GOTO 20
40:U=A*B/V
50:PRINT "GGT :";V;" KGV :";U
```

d) Testbeispiele

u	v	g.g.T.	k.g.V.
72	48	24	144
889	381	127	2667
590221	544457	673	477488789

2.4.2 Bruchrechnen

Das Rechnen mit Brüchen wird vom einfachen Taschenrechner wenig unterstützt; mit programmierbaren Rechnern hingegen kann man in allen Einzelheiten jene Wege nachvollziehen, die der Schüler in Kl. 5/6 vom Lehrer vorgezeichnet bekommt. Hierbei spielt das Kürzen und Erweitern eine zentrale Rolle, was mit Hilfe 2.41 (GGT und KGV) nicht schwerfällt.

a) Allgemeiner Ablaufplan

Eingabe des 1. Bruchs a, b. *Falls* gewünscht, im U.P. kürzen
Eingabe des 2. Bruchs c, d. *Falls* gewünscht, im U.P. kürzen
Eingabe des Operationszeichens
Fall "+"
u $\longleftarrow$ b; v $\longleftarrow$ d; U.P."GGT";N $\longleftarrow$ b·d/v; *Ausgabe* des Hauptnenners N
k $\longleftarrow$ N/b; Z $\longleftarrow$ ka; *Ausgabe* der Erweiterungszahl k und des neuen Zählers Z; h $\longleftarrow$ Z
k $\longleftarrow$ N/d; Z $\longleftarrow$ kc; *Ausgabe* der Erweiterungszahl k und des neuen Zählers Z; Z $\longleftarrow$ Z + h;
Ausgabe des Ergebniszählers Z; U.P. "Kürzen"
Fall "−"
c $\longleftarrow$ − c; Sprung zum Fall "+"
Fall "∗"
Wenn gewünscht, überkreuz kürzen, d. h.: Z $\longleftarrow$ a; N $\longleftarrow$ d; U.P."Kürzen"; a $\longleftarrow$ Z; d $\longleftarrow$ N;
Z $\longleftarrow$ c; N $\longleftarrow$ b; U.P."Kürzen"; c $\longleftarrow$ Z; b $\longleftarrow$ N
Z $\longleftarrow$ ac; N $\longleftarrow$ bd; *Ausgabe* Z, N; *falls* oben nicht gekürzt, jetzt kürzen
Fall "/"
H $\leftarrow$ d; d $\leftarrow$ c; c $\leftarrow$ H; Sprung zum Fall "∗"

Unterprogramm „Kürzen"

u $\leftarrow$ Z; v $\leftarrow$ N; U.P."GGT";Z $\leftarrow$ Z/v; N $\leftarrow$ N/v; *Wenn* v=1 *dann Ausgabe* "unkürzbar",
sonst Ausgabe Z, N

Unterprogramm "GGT"

Wiederhole $\begin{bmatrix} \text{q} \longleftarrow \text{u/v; R} \longleftarrow \text{u} - \text{v} \cdot \text{int}(\text{q}) \\ \textit{Wenn } \text{R} \neq 0 \textit{ dann } \text{u} \longleftarrow \text{v; v} \longleftarrow \text{R} \end{bmatrix}$

bis R = 0

Erläuterungen:

Das Programm ermöglicht die vier Grundrechenarten mit Brüchen, wobei die Subtraktion gemäß a/b − c/d = a/b + (− c)/d auf die Addition und die Division gemäß a/b : c/d = a/b · d/c auf die Multiplikation zurückgeführt wird. Das Unterprogramm GGT wird sowohl zum Kürzen als auch zur Ermittlung des Hauptnenners benutzt; indem es vom U.P."Kürzen" aufgerufen wird, handelt es sich um ein *Unterprogramm zweiter Stufe.*

c) BASIC-Übersetzung

```
250:INPUT "1.ZAEHLER␣";A,"1.NENNER␣";B
252:INPUT "␣KUERZEN␣? ";S$:IF S$="J"LET Z=A,N=B:GOSUB"KUERZEN":A=Z:B=N
253:INPUT "2.ZAEHLER␣";C,"2.NENNER␣";D
254:INPUT "␣KUERZEN␣?";S$:IF S$="J"LET Z=C,N=D:GOSUB"KUERZEN":C=Z:D=N
```

```
258:INPUT "WAEHLE:␣+ – * /␣␣";S$:GOTO S$
259:"–"C=–C
260:"+"U=B:V=D:GOSUB "GGT"
280:N=B*D/V:PRINT "HAUPTNENNER:␣";N
282:K=N/B:Z=K*A:PRINT "1.ZAEHLER MAL␣";K;":";Z:H=Z
284:K=N/D:Z=K*C:PRINT "2.ZAEHLER MAL␣";K;": ";Z
290:Z=Z+H:PRINT "ERGEBNISZAEHLER␣";Z
300:GOSUB "KUERZEN":GOTO 480
375:"/"H=D:D=C:C=H
380:"*"INPUT "SOFORT MULTIPLIZIEREN␣?";S$: IF S$="J"THEN 399
391:PRINT "1.ZAEHLER, 2.NENNER":Z=A, N=D:GOSUB "KUERZEN":A=Z:D=N
396:PRINT "2.ZAEHLER, 1. NENNER":Z=C,N=B:GOSUB "KUERZEN":C=Z:B=N
399:Z=A*C:N=B*D:PRINT "ERGEBNIS␣:"
401:PRINT "ZAEHLER :␣␣";Z:PRINT "NENNER :␣␣";N
405:IF S$="J" GOSUB "KUERZEN"
410:GOTO 480
420:"KUERZEN":U=Z:V=N:GOSUB "GGT":Z=Z/V:N=N/V
    : IF V=1 PRINT "UNKUERZBAR␣!":GOTO 440
430:PRINT "MIT␣",V;" GEKUERZT GIBT:":PRINT "NEUER ZAEHLER = ";Z
    :PRINT "NEUER NENNER =␣";N
440:RETURN
450:"GGT"Q=U/V:R=U–V*INT Q
460:IF R<>OLET U=V,V=R:GOTO 450
470:RETURN
480:INPUT "KETTENRECHNEN␣?";S$: IF S$="J" LET A=Z,B=N:GOTO 253
490:GOTO 250
```

Erläuterungen:

Das oben wiedergegebene Programm ist einem größeren Zusammenhang entnommen; weil
der PC-1212 den renumber-Befehl nicht kennt, wurde auf das Umnumerieren verzichtet, so
daß mit RUN 250 gestartet werden muß. Der Dialogverkehr zwischen Rechner und Benutzer
wird über den Speicher S$ abgewickelt, der das Operationszeichen aufnimmt oder ein "J"
(Nicht "JA"!) bei positiver Beantwortung einer Frage. Die vier Operationszeichen sind gleichzeitig zur Kennzeichnung des jeweiligen Rechenblocks verwandt worden und stellen *labels*
(Sprungmarken) dar, die von Zeile 258 aus angegangen werden (GOTO S$ veranlaßt also
den Rechner zum Sprung zu jenem Zeichen (Zeilenanfang), welches gerade in S$ gespei-
chert ist). Auch die Unterprogrammblöcke sind durch selbsterklärende Zeichen(ketten) gekennzeichnet, Aufrufe wie GOSUB"GGT" und GOSUB"KUERZEN" sind daher unmittelbar
verständlich. Die gegenüber dem allg. Ablaufplan neu hinzugekommene Zeile 480 ermöglicht in einfacher Weise die Abarbeitung von mehr als zwei Operanden.

d) Testbeispiele

3/8+5/6=29/24   735/1086–413/977=89859/353674

8/25·35/18=28/45   44/45:80/81=99/100

2.4.3 Quadratische Gleichungen — vollständige Fallunterscheidung

a) Mathematische Vorbemerkungen

Die Allgemeinform $ax^2 + bx + c = 0$ wird durch $a \neq 0$ dividiert und die so erhaltene Normalform $x^2 + px + q = 0$ mit Hilfe der Formel $x_{1,2} = -p/2 \pm \sqrt{(p/2)^2 - q}$ weiterbearbeitet. Falls die Diskriminante $D = (p/2)^2 - q$ negativ wird, erhalten wir mit $-p/2, \sqrt{-D}$ und $-p/2, -\sqrt{-D}$ ein Paar konjugiert komplexer Zahlen als Lösung.

Die im Falle $a = 0$ verbleibende lineare Gleichung wird im Programm auch berücksichtigt; der folgende Ablaufplan unterscheidet insgesamt sechs verschiedene Fälle in verbaler Notation.

b) Allgemeiner Ablaufplan

Eingabe der Konstanten a, b, c
Wenn $a \neq 0$

$$\textit{dann } P \leftarrow -\frac{b}{2a} \text{ und } D \leftarrow P^2 - \frac{c}{a} \text{ setzen}$$

wenn $D \geqslant 0$
dann, wenn $D = 0$
dann P *ausgeben* (Fall 1)
sonst $P + \sqrt{D}$ und $P - \sqrt{D}$ *ausgeben* (Fall 2)
sonst P und $\sqrt{-D}$ und $-\sqrt{-D}$ *ausgeben* (Fall 3)
sonst, wenn $b \neq 0$

$$\textit{dann } -\frac{c}{b} \textit{ ausgeben } (\text{Fall 4})$$

sonst, wenn $c \neq 0$
dann „unlösbar" *anzeigen* (Fall 5)
sonst „allgemeingültig" *anzeigen* (Fall 6)

c) BASIC-Übersetzung

```
10: INPUT"A="; A, "⌴B="; B, "C="; C
20: IF A<>0THEN"FALL123"
30: IF B<>0PRINT"LIN.GL; LOES:",−C/B:END REM "ENDE VON FALL 4"
40: IF C<>0PRINT "GLEICHUNG UNLOESBAR!":END REM"ENDE VON FALL 5"
50: PRINT"ALLGEMEINGUELTIGE GL.":END REM"ENDE VON FALL 6"
60: "FALL 123"P=−0.5 * B/A:D=P*P−C/A
70: IF D<0LET D=  −D:PRINT "RT:"; P;"⌴IT:"; D:END REM" ENDE VON FALL 3'
80: IF D=0PRINT"QUADR.GL; LOES.:"; P:END REM"ENDE VON FALL 1"
90: PRINTP+ D, P− D:END REM"ENDE VON FALL 2"
```

Die Abkürzungen in den Textausgaben sind wegen der beschränkten Anzeige angebracht; die hinter REM befindlichen Texte sollen den Zusammenhang zum allgemeinen Ablaufplan verdeutlichen (REMark: Bemerkung, die bei Ausführung des Programms unbeachtet bleibt)

d) Testbeispiele

$3x^2 - 6x + 3 = 0$	Lös.: $x = 1$ (Fall 1)
$4x^2 + 4x - 24 = 0$	Lös.: $x = 2$ und $x = -3$ (Fall 2)
$3x^2 + 12x + 24 = 0$	Lös.: $x = -2 + 2i$ und $x = -2 - 2i$ (Fall 3)
$0x^2 + 2x + 6 = 0$	Lös.: $x = -3$ (Fall 4)
$0x^2 + 0x + 1 = 0$	Lös.: existiert nicht (Fall 5)
$0x^2 + 0x + 0 = 0$	Lös.: Jede Zahl (Fall 6)

Verfahren zu Gleichungen höheren Grades s. Kap. 9

2.4.4 Lineare Gleichungssysteme

a) Mathematischer Hintergrund

Es soll hier das Gaußverfahren für den schulrelevanten Fall von drei Gleichungen mit drei Variablen vorgestellt werden. Im Gegensatz zu den entsprechenden Versionen in den Firmenhandbüchern werden auch die nicht eindeutigen Fälle berücksichtigt, weil diese — z. B. bei Fragestellungen der analytischen Geometrie — eine Rolle spielen.

Beim Gaußverfahren im engeren Sinne bringt man das Ausgangssystem

$$a_1 x + b_1 y + c_1 z = d_1 \qquad\qquad a_1 x + b_1 y + c_1 z = d_1$$
$$a_2 x + b_2 y + c_2 z = d_2 \quad \text{in die } \textit{Trapezform}[1]) \qquad A_1 y + z = C_1$$
$$a_3 x + b_3 y + c_3 z = d_3 \qquad\qquad\qquad\qquad \gamma \cdot z = \delta$$

Hierbei müssen wir $a_1 \neq 0$ voraussetzen, was notfalls durch Zeilen- oder Spaltentausch erzwungen werden kann. Dann eliminieren wir x in der 2. und 3. Gleichung dadurch, daß wir zum a_2-fachen der ersten Gleichung das minus a_1-fache der 2. Gleichung addieren und zum a_3-fachen der 1. Gleichung das minus a_1-fache der 3. Gleichung, dann erhalten wir als Zwischenstufe zur Trapezform

$$a_1 x + b_1 y + c_1 z = d_1$$
$$A_1 y + B_1 z = C_1$$
$$A_2 y + B_2 z = C_2$$

die Bedeutung von $A_1, B_1, C_1, A_2, B_2, C_2$ sowie die weiteren Überlegungen und Rechenabläufe entnehme man dem folgenden Struktogramm.

---

[1]) auch Dreieckform oder Staffelform genannt

b) Allgemeiner Ablaufplan

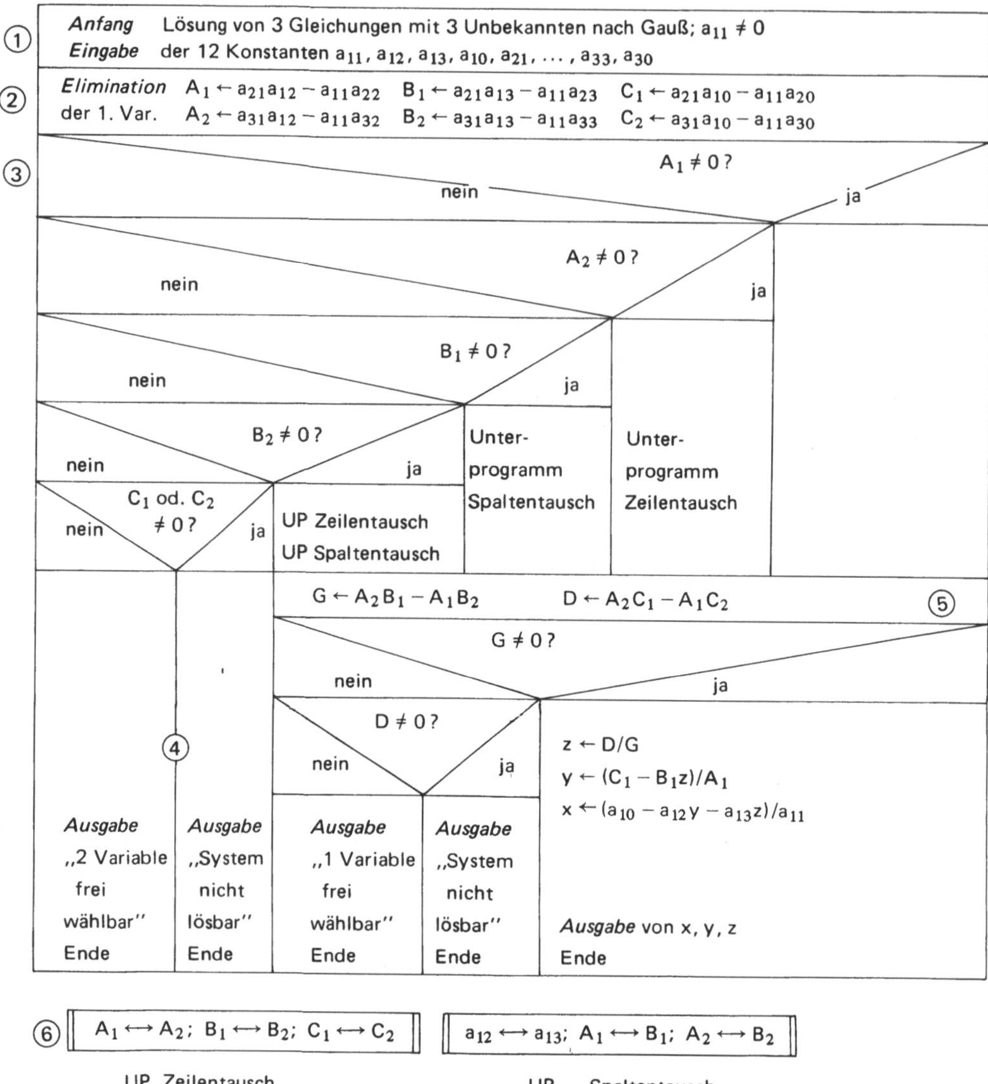

Die Konstanten wurden im Hinblick auf die Speicherstruktur des PC-1212 leicht umbe-
nannt (1. Index Zeilenzugehörigkeit; 2. Index Spaltenzugehörigkeit, wobei die Konstanten
der r. Seite mit Null gekennzeichnet wurden). Das durch $A_1, B_1, \ldots, C_2$ beschriebene Zwischensystem kann je nach Belegung der Speicher eindeutig lösbar sein oder unlösbar sein
oder unendlich viele Lösungen besitzen, wegen der in die Überlegungen mit einzubeziehen-
den ersten Zeile wird die Fallunterscheidung ziemlich aufwendig, wie man Block 3 ent-

nehmen kann. Zunächst ist klar, daß im Falle von $A_1 = A_2 = B_1 = B_2 = C_1 = C_2 = 0$ y und z frei wählbar sind und nur x durch die Daten der ersten Zeile determiniert ist (Ende 4, links). Es leuchtet ferner ein, daß nicht die vier Koeffizienten A_1 bis B_2 Null sein dürfen und dabei C_1 oder C_2 ungleich Null, dann würde mit diesem System auch das ursprüngliche unlösbar. Wenn $A_1 = A_2 = B_1 = 0$, jedoch $B_2 \neq 0$, dann kann man $B_2 z$ zur ersten Variablen der ersten Gleichung (des Restsystems in y, z) machen, indem man die Reihenfolge der beiden Gleichungen vertauscht und die Reihenfolge der beiden Variablen. In diesen und anderen Fällen ist ein Ausgabekommentar vorgesehen, der auf den Tausch aufmerksam macht. Wenn nun der Speicher A_1 — dessen Inhalt nach dem soeben gesagten nicht mehr mit dem Parameter A_1 des Gleichungssystems identisch sein muß —, keine Null enthält, kann man die erste Variable in der letzten Gleichung, im Normalfall also y, eliminieren und gelangt so zur Trapezform; daß dieses Gleichungssystem über das Zwischensystem mit dem Ausgangssystem äquivalent ist, also die gleiche Lösungsmenge besitzt, ist eine wesentliche Grundlage des ganzen Verfahrens.

c) BASIC-Übersetzung

(1)
```
10:PAUSE"1.ZEILE EINGEBEN"
20:INPUT A(11), A(12), A(13), A(10)
30:PAUSE"2.ZEILE EINGEBEN"
40:INPUT A(21), A(22), A(23), A(20)
50:PAUSE"3.ZEILE EINGEBEN"
60:INPUT A(31), A(32), A(33), A(30)
```

(2)
```
70:A(41)=A(21)*A(12)-A(11)*A(22):A(42)=A(21)*A(13)-A(11)*A(23)
80:A(40)=A(21)*A(10)-A(11)*A(20):A(51)=A(31)*A(12)-A(11)*A(32)
90:A(52)=A(31)*A(13)-A(11)*A(33):A(50)=A(31)*A(10)-A(11)*A(30)
```

(3)
```
100:IF A(41)<>0 THEN 160
110:IF A(51)<>0 GOSUB "ZT":GOTO 160
120:IF A(42)<>0 GOSUB "ST":GOTO 160
130:IF A(52)<>0 GOSUB "ZT":GOSUB "ST":GOTO 160
```
(4)
```
140:IF A(40)+A(50)<>0 PRINT"SYSTEM UNLOESBAR":END
150:PRINT"2 VARIABLE FREI WAEHLBAR":END
```

(5)
```
160:G=A(51)*A(42)-A(41)*A(52):D=A(51)*A(40)-A(41)*A(50)
170:IF G<>0 THEN 200
180:IF D<>0 PRINT"SYSTEM UNLOESBAR":END
190:PRINT"1 VARIABLE FREI WAEHLBAR":END
200:Z=D/G:Y=(A(40)-A(42)*Z)/A(41):X=(A(10)-A(12)*Y-A(13)*Z)/A(11)
210:PRINT X;"⎵"; Y;" ";Z:END
```

(6)
```
220:"ZT"H=A(41):A(41)=A(51):A(51)=H:H=A(42):A(42)=A(52):A(52)=H
230:H=A(40):A(40)=A(50):A(50)=H:RETURN
240:"ST"H=A(12):A(12)=A(13):A(13)=H:H=A(41):A(41)=A(42):A(42)=H
250:H=A(51):A(51)=A(52):A(52)=H:RETURN
```

Es ist anzumerken, daß der PC-1212 keine zweidimensionale Speicheradressierung erlaubt und überdies A(1) bis A(26) mit den Speichern A bis Z identisch sind; ab A(27) geht es dann auf Kosten des Programmspeichers (1 Speicher = 8 Programmschritte). Der in den Unterprogrammen "ZT" und "ST" (Zeilen- bzw. Spaltentausch) verwandte Hilfsspeicher H ist z. B. identisch mit Speicher A(8).

d) Testbeispiele

$3x + 4y + 3z = 1$	$x + y + z = 1$	$x + 2y - z = 6$	$7x - y + 5z = 1$
$2x - y - z = 6$	$-x - y + z = -1$	$3x + 6y - 3z = 18$	$x + 3y - z = 7$
$x + 3y + 2z = -1$	$-x + y + z = 0$	$-2x - 4y + 2z = -12$	$15x + y + 9z = 9$
Lösung:	Lösung:	Lösung:	Lösung:
$z = -3$	$z = 0$	2 Variable	1 Variable
$y = 1$	$y = 0,5$	sind frei	ist frei
$x = 2$	$x = 0,5$	wählbar!	wählbar!
	(Zeilentausch)		

$x + y + z = 0$	$7x - y + 5z = 1$	$x + y + z = 0$
$-x - y + z = 4$	$x + 3y - z = 7$	$-x - y - z = 0$
$-x - y - z = 0$	$15x + y + 9z = 2$	$-x - y + z = 4$
Lösung:	Lösung:	Lösung:
1 Variable	existiert nicht	1 Variable
ist frei		ist frei
wählbar!		wählbar!
(Spaltentausch)		(Zeilen und Spaltentausch)

3 Der BTC als Entscheidungshilfe

3.1 Linearitätsprüfung einer Meßreihe

a) Problemstellung

Nehmen wir als Demonstrationsbeispiel eine nicht sonderlich genaue Meßreihe zum Hooke-schen Gesetz (die „exakte" Federkonstante sei D = 34,6 N/m).

s	F
3,8	1
7,5	2
10,1	3
14,6	4
17,5	5
32,4	10
44,2	15

Die Ausdehnung s der Feder ist in cm und das angehängte Gewicht F in N notiert worden. Der Quotient F/s, der die Federkonstante D darstellt, schwankt stark. Man könnte nun auf die Idee kommen, den Mittelwert der sieben Quotienten zu bilden; dieser wäre jedoch mit 29,1 N/m eine schlechte Annäherung an D. Wesentlich besser fährt man dabei, wenn man mit Hilfe des arithmetischen Mittels die Summe gewisser Fehlerquadrate minimal werden läßt. Wie das gemacht wird, kann man in den einschlägigen Lehrbüchern der angewandten Statistik nachlesen; eine Herleitung ohne Differentialrechnung findet der Leser in [1]. Das Resultat dieser Überlegungen läßt sich leider nur in umständlichen Formeln darstellen:

$$\text{I.} \qquad r = \frac{n \cdot \sum\limits_{i=1}^{n} x_i y_i - \left(\sum\limits_{i=1}^{n} x_i \right) \cdot \left(\sum\limits_{i=1}^{n} y_i \right)}{\sqrt{n \cdot \sum\limits_{i=1}^{n} x_i^2 - \left(\sum\limits_{i=1}^{n} x_i \right)^2} \cdot \sqrt{n \cdot \sum\limits_{i=1}^{n} y_i^2 - \left(\sum\limits_{i=1}^{n} y_i \right)^2}}$$

$$\text{II.} \qquad a = \frac{n \cdot \sum\limits_{i=1}^{n} x_i y_i - \left(\sum\limits_{i=1}^{n} x_i \right) \cdot \left(\sum\limits_{i=1}^{n} y_i \right)}{n \cdot \sum\limits_{i=1}^{n} x_i^2 - \left(\sum\limits_{i=1}^{n} x_i \right)^2}$$

$$\text{III.} \qquad b = \frac{\sum\limits_{i=1}^{n} y_i - a \cdot \sum\limits_{i=1}^{n} x_i}{n}$$

Die erste Formel stellt den sogenannten Korrelationskoeffizienten dar. Er kann Werte zwischen + 1 und − 1 annehmen und stellt ein Maß für den Zusammenhang zwischen den n Wertepaaren x_i, y_i dar; nur wenn der Betrag von r nahezu 1 ist, liegt eine lineare Beziehung vor:

$$y = a \cdot x + b$$

Die Steigung a und die Abschnittskonstante b dieser *Ausgleichsgeraden* läßt sich mit Hilfe der Beziehungen II und III bestimmen. Wenn man also untersuchen will, ob einer Meßreihe eine linear-funktionale Beziehung zugrunde liegt, wird man erst den Korrelationskoeffizienten r bestimmen und − falls $|r| \approx 1$ − anschließend die Konstanten a und b jener Geraden bestimmen, die sich den Meßpunkten am besten anpaßt.

Es braucht wohl nicht betont zu werden, daß der Rechenaufwand hierbei nicht mehr mit dem einfachen TR bewältigt werden kann!

Bei der Programmierung sollte man darauf achten, schon im allgemeinen Ablaufplan etwas zu optimieren, was dadurch möglich wird, daß mehrmals die gleichen Summen auftreten. Führt man zum Beispiel für die erste Formel die abkürzenden Bezeichnungen

$$r = \frac{Z}{\sqrt{N_1} \cdot \sqrt{N_2}}$$

ein, so kann man die zweite Formel nach dem Muster

$$a = \frac{Z}{N_1}$$

aufbauen.

Im einzelnen muß man fünf verschiedene Summen bilden, nämlich über x_i; y_i, x_i^2, y_i^2 und $x_i y_i$ (jeweils von $i = 1$ bis $i = n$).

Unter Vorwegnahme der späteren Testläufe sei hier schon verraten, daß die Federkonstante D der eingangs genannten Meßreihe in Gestalt des „a" der zweiten Formel den Wert 34,3 N/m annimmt.

b) BASIC-Übersetzung

Wir verschieben die Übersetzung noch etwas, um auch Meßreihen verarbeiten zu können, die nicht durch lineare Funktionen repräsentiert werden.

3.2 Kurvenanpassungen mit Potenz-, Exponential- und Logarithmusfunktionen

a) Problemstellung

t	s
0,95	16
1,33	31
1,61	46
1,86	61
2,10	76
2,28	91

Betrachten wir die Meßergebnisse eines Fahrbahnversuchs, wo bei konstanter Beschleunigung der Weg s in cm in Abhängigkeit von der Zeit t in s festgehalten wurde, so möchte man natürlich die Beziehung

$$s = k \cdot t^2$$

verifizieren. Um diese Gesetzmäßigkeit auf eine lineare zurückführen und damit auf die im vorigen Abschnitt beschriebene Weise überprüfen zu können, logarithmiert man beide Seiten der Gleichung zur Basis e und erhält

$$\ln s = 2 \cdot \ln t + \ln k$$

In der Tat: Substituiert man noch $y = \ln s$, $x = \ln t$ und $b = \ln k$, so hat man mit

$$y = 2 \cdot x + b$$

einen Spezialfall der allgemeinen linearen Funktion vor sich.

Beliebige Potenzfunktionen der Gestalt

$$y = k \cdot x^m, \, m \in Q, \, x > 0$$

kann man somit überführen in

$$\ln y = m \cdot \ln x + \ln k \quad \text{bzw.} \quad y' = ax' + b$$

Man wird daher die Berechnungen von r, a, b in Form von Unterprogrammen realisieren und eine Weiche einbauen, damit gegebenenfalls anstelle der x_i, y_i die $\ln x_i$ und $\ln y_i$ summiert werden. Das m entspricht dann dem a und das k erhält man durch e^b.

Analog gelangt man zu den Linearisierungen von Exponential- und Logarithmusfunktionen; für die anstehende Programmierung fassen wir zusammen:

Lineare Funktion	$y = a \cdot x + b$
Potenzfunktion $y = k \cdot x^m$	$\ln y = m \cdot \ln x + \ln k$
Exponentialfunktion $y = k \cdot e^{mx}$ $\quad = k \cdot c^x$	$\ln y = m \cdot x + \ln k$
Logarithmusfunktion $y = k \cdot \ln x + b$ $\quad = k_1 \cdot \log_c x + b$ $(k_1 = k \cdot \ln c)$	$y = k \cdot \ln x + b$

Man vergleiche auch die graphische Auswertung auf logarithmisch unterteilten Millimeter-Papieren!

Aufgrund der bisher angestellten Überlegungen gelangt man zu folgendem Ablaufplan:

b) Allgemeiner Ablaufplan

1. *Eingabe* der Paare x_i, y_i; $i = 1, 2, \ldots, n$

2. Im Falle einer vermuteten

$$
\left.\begin{array}{l}\text{Potenz-}\\\text{Exponential-}\\\text{Logarithmus-}\end{array}\right\}\text{funktion setze}\left\{\begin{array}{l}x_i \leftarrow \ln x_i\,;\ y_i \leftarrow \ln y_i\\\qquad\qquad\quad y_i \leftarrow \ln y_i\\x_i \leftarrow \ln x_i\end{array}\right\}\ i = 1, 2, \ldots, n
$$

3. Bildung der Summen S_x, S_y, S_{x2}, S_{y2}, S_{xy}

4. $Z \leftarrow n \cdot S_{xy} - S_x \cdot S_y$

   $N_1 \leftarrow n \cdot S_{x2} - \dot{S}_{x_2}$

   $$r \leftarrow \frac{Z}{\sqrt{N_1} \cdot \sqrt{n \cdot S_{y2} - S_y^2}}\,;\qquad \textit{Ausgabe von } r$$

5. $a \leftarrow \dfrac{Z}{N_1}\,;\qquad \textit{Ausgabe von } a$

6. $b \leftarrow \dfrac{S_y - a \cdot S_x}{n}$

7. Wenn Potenz- oder Exponentialfunktion vermutet, dann $\ b \leftarrow e^b$

8. *Ausgabe* von r, a, b

Ergänzung zu 3.:

Art der Summe	$\sum\limits_{i=1}^{n} x_i$	$\sum\limits_{i=1}^{n} y_i$	$\sum\limits_{i=1}^{n} x_i^2$	$\sum\limits_{i=1}^{n} y_i^2$	$\sum\limits_{i=1}^{n} x_i y_i$
Speichername	S_x	S_y	S_{x2}	S_{y2}	S_{xy}

Erläuterungen zum BASIC-Programm:

Der Ablauf gliedert sich in fünf Teile (zur Zeilennummerierung vgl. Anmerkung 2.4.2). Das Hauptprogramm geht bis Zeile 48, dann folgen vier Unterprogramme, die jeweils von einem (selbsterklärend formulierten) Text*label* bis zum obligatorischen RETURN reichen. Zusammen mit den durch REM gekennzeichneten Kommentaren ermöglicht dies eine bessere Übersicht.

c) BASIC-Übersetzung

```
10:N=0:REM *EINGABE*
20:N=N+1:PAUSE␣N;"WERTEPAAR"
30:INPUT " X=";X,"Y=";Y:A(25+N+N)=X:A(26+N+N)=Y:GOTO 20
35:REM " WERTE SIND EINGEGEBEN"
38:N=N−1:M=25+N+N:REM *WEICHENSTELLUNG*
```

```
40: INPUT "FUNKTIONSTYP⌴? (1,2,3,4)"; S:GOSUB "EINZELRECHNUNG"
    :GOSUB "AUSGABE":END
45: GOSUB "VERGLEICHSRECHNUNG":GOSUB "AUSGABE":END
48: REM "ENDE DES HAUPTPROGRAMMS"
49: REM *UNTERPROGRAMME*
50: "VERGLEICHSRECHNUNG":T=0
60: FOR S=1TO 4
70: GOSUB "EINZELRECHNUNG":IF ABS (R)>ABS (T)LET T=R:U=A:V=B:K=S
80:  NEXT S
85: S=K:A=U: B=V:R=T:RETURN

100: "EINZELRECHNUNG"C=0:D=0:E=0:F=0:G=0
110: FOR I=27TO M STEP 2
120: J=I+1:GOTO S +120
121: A=A(I):B=A(J):GOTO 170
122: A=LN A(I):B=LN A(J):GOTO 170
123: A=A(I):B=LNA(J):GOTO 170
124: A=LN A(I):B=A(J)
170: C=C+A:D=D+B:E=E+A*A:F=F+B*B:G=G+A*B
180: NEXT I
190: P=N*G−C*D:Q=N*E−C*C:R=P/(√Q*√(N*F−D*D)):A=P/Q:B=(D−A*C)N:RETURN

200: "AUSGABE":PRINT S;"FALL;⌴⌴⌴";USING"##.########";"⌴R=";R
220: IF (S=2)+(S=3)=1 LET B= EXP B
240: USING :PRINT"⌴A=";A:PRINT "⌴B=";B
250: INPUT"INTER-/EXTRAPOLATION?";K$:IF K$="JA"GOSUB"INTERPOLATION"
260: RETURN

270: "INTERPOLATION"
280: GOTO 310+10*S
320: INPUT "⌴X=";X:Y=A*X+B:PRINT "⌴Y=";Y:GOTO 320
325: GOTO 360
330. INPUT "⌴X=",X:Y=B*X∧A:PRINT "⌴Y=";Y:GOTO 330
335. GOTO 360
340: INPUT "⌴X=";X:Y=B*EXP (A*X):PRINT"⌴Y=";Y:GOTO 340
345: GOTO 360
350: INPUT "⌴X=";X:Y=A*LN X+B:PRINT "⌴Y=";Y:GOTO 350
360: RETURN
```

Zur Orientierung noch eine Speicherzusammenstellung:

Variable		Bedeutung
allg.	Basic	
n	N	gibt die Anzahl der eingegebenen Wertepaare an
x_i	A(I)	Speicher für die x-Werte; I läuft ungerade von 27 bis 25 + 2n
y_i	A(J)	Speicher für die y-Werte; J läuft gerade von 28 bis 26 + 2n
S_x	C	Nimmt die Summe der x-Werte auf
S_y	D	Nimmt die Summe der y-Werte auf
S_{x2}	E	Nimmt die Summe der x^2-Werte auf
S_{y2}	F	Nimmt die Summe der y^2-Werte auf
S_{xy}	G	Nimmt die Summe der x · y-Werte auf
Z	P	Zähler des Korrelationskoeffizienten r
N_1	Q	Radikand der ersten Wurzel im Nenner von r
r	R	Korrelationskoeffizient
a	A	Lin. Fkt.: y = a · x + b; Pot. Fkt.: $y = k \cdot x^m$ mit a = m, b = ln k
b	B	e-Fkt.: $y = k \cdot e^{m \cdot x}$ (m, k s.o.); ln-Fkt.: y = k · ln x mit k = a
–	X, Y	Vorübergehende Aufnahme von x, y-Werten (Eingabe; Interpol.)
–	M	Enthält eine Zahl zur Steuerung der FOR-Schleife (Z.110)
–	S	Zur Auswahl von 1 (Lin. Fkt.) 2 (Pot. Fkt.) 3 (Exp. Fkt.) 4 (Log. Fkt.)
–	T, U, V	Hilfsspeicher für das Unterprogramm *Vergleichsrechnung*
–	K$	Textvariable zur Aufnahme von JA/NEIN im U.P. *Ausgabe*

Zur Unterscheidung der verschiedenen Funktionstypen dient der Zahlenspeicher S; wird er in
in Zeile 40 belegt, erfolgt ein Sprung nach Zeile 100. Dort werden in einer FOR-Schleife
die fünf Summen gebildet, wobei gemäß GOTO S + 120 je nach dem Inhalt von S eine der
Zeilen 121 bis 124 angesteuert wird, um die passenden Logarithmierungen vorzunehmen.
Die eigentliche Summation erfolgt wieder gemeinsam in Zeile 170. Nach Verlassen der FOR-
Schleife werden r, a und b berechnet. Von Zeile 40 des Hauptprogramms erfolgt nun der
Sprung ins Unterprogramm *Ausgabe,* wo R mittels Using-Maske mit acht Dezimalen ausge-
geben wird und anschließend — nach Zurücknahme der Maske durch das zweite USING —
A und B.

In Zeile 220 ist die gemäß Punkt 7 des allgemeinen Ablaufplans erforderliche Abfrage in
Form einer Oder-Verknüpfung realisiert. Das letzte Unterprogramm *Interpolation* kann
innerhalb der Ausgaberoutine aufgerufen werden und ermöglicht die Zusammenstellung
beliebig vieler Wertepaare, auch außerhalb des ursprünglich eingegebenen Zahlenbereichs
(Extrapolation). Durch den Ausdruck 310 + 10 · S wird der Inhalt des Speichers S zum
zweitenmal für variable Sprungziele eines GOTO-Befehls genutzt. (Solche Mehrfachver-
zweigungen realisiert man in anderen BASIC-Versionen bequemer mit GOTO OF; in Pascal
mit CASE OF.)

Zurück zu Zeile 40 des Hauptprogramms! Wenn man dort keine Ziffer zwecks Vorgabe
eines Funktionstyps eingibt, sondern nur die Enter-Taste betätigt, so wird der Rest von
Zeile 40 überschlagen und der Befehl in Zeile 45 ausgeführt[1]). Folglich wird das Unterpro-

---

[1]) Entsprechend wird auch die Eingabe der Wertepaare in Zeile 30, 320 usw. abgeschlossen!

gramm *Vergleichsrechnung* aufgerufen und damit alle vier Hypothesen nacheinander getestet und zum Schluß (Zeile 85) auf S die Nummer jenes Funktionstyps gespeichert, dessen Korrelationskoeffizient r den größten Betrag aufwies. r selbst sowie die zugehörigen Werte von a und b werden auf R, A, B konserviert. Anschließend erfolgt die Ausgabe der Werte wie oben.

3.3 Physikers Heinzelmännchen: Rechner suchen zur vorgelegten Meßreihe die passende Formel

Die Anwendungsmöglichkeiten des gerade erläuterten Programms sind so erstaunlich, daß wir ihnen über die üblichen Testläufe hinaus einen eigenen Abschnitt zugestehen wollen.

3.3.1 Hookesches Gesetz

Gleich zu Anfang erlebt man eine kleine Überraschung. Der Rechner gibt aus (Eingabe s.o.)

```
2.FALL;            R = 0.99883471
   A = 1.09323263
   B = 0.226448567
```

hält also die Potenzfunktion $y = 0.226 \cdot x^{1,093}$ für die der Meßreihe angemessene mathematische Beschreibung! Wenn man in einem neuen Testlauf den linearen Funktionstyp vorschreibt, erhält man erwartungsgemäß einen schlechteren Korrelationskoeffizienten:

```
1. FALL            R = 0.99713626
   A = 3.433021417E-01
   B = − 0.666229805
```

Angesichts der zugehörigen Funktionsgleichung $y = 0,34 \cdot x - 0,67$ konstatiert man einen systematischen Fehler bei der Längenmessung (Nullpunkt verschoben), der aber die Bestimmung der Federkonstanten kaum beeinflußt: $a \approx 34,3 \frac{N}{m}$. Daß die Potenzfunktion die Meßreihe wirklich besser widerspiegelt, kann man empirisch mit dem Interpolationsteil überprüfen; die so berechneten Werte approximieren die Tabellenwerte im Falle der Potenzfunktion genauer als im Falle der linearen Funktion!

3.3.2 Gleichmäßig beschleunigte Bewegung

Nach Eingabe der o. a. Werte erscheint in der Anzeige

```
2.FALL             R = 0.99990568
   A = 1.98076327
   B = 17.72480654
```

Die zugehörige Funktionsgleichung lautet $y = 17,7 \cdot x^{1,98}$. Daß man darin getrost eine Bestätigung des Weg-Zeit-Gesetzes $s = a/2 \cdot t^2$ sehen darf, liegt ausschließlich daran, daß physikalisch-theoretische Überlegungen zum Exponenten 2 führen! (Es sei denn, man glaubt mit den Pythagoreern, die Natur bevorzuge ohnehin ganze Zahlen)

3.3.3 Boyle-Mariottesches Gesetz

Ein Versuch mit Glaskolben und Manometer lieferte folgende Werte:

Druck p in Bar	0,5	0,75	1	1,25	1,5	1,75	2
Volumen V in cm^3	20,1	13,3	10	8	6,7	5,7	5,1

Nach Eingabe der Werte erscheint in der Anzeige

2. FALL   R = − 0.99988947
  A = − 9.94211153E-01
  B = 10.02797957

Die zugehörige Funktion $y = 10 \cdot x^{-1}$ bestätigt das bekannte Gesetz $p \cdot V$ = konst.

3.3.4 Drittes Keplersches Gesetz

Einer astronomischen Tabelle kann man die Umlaufszeiten der neun Planeten unseres Sonnen-
systems sowie deren Abstände vom Zentralgestirn entnehmen:

Planet	Merkur	Venus	Erde	Mars	Jupiter	Saturn	Uranus	Neptun	Pluto
Abstand	0,39	0,72	1	1,52	5,2	9,54	19,18	30,06	39,46
Zeit	88	225	1	1,9	11,9	29,5	84	165	248

Wie aus den Daten erkennbar, ist die Entfernung in AE (Astronomische Einheit,
1 AE = 149597870 km) und die Zeit meist in Jahren (siderisch, d.h. mit 365,26 Tagen)
gemessen. Gibt man zunächst die Entfernung und dann die Zeit ein (bei Merkur und Venus
einfach 88/365,26 bzw. 225/365,26), so erhält man die Ausgabe

2. FALL   R = 0.99999666
  A = 1.500085351
  B = 1.001826546

Damit hat der Rechner − übrigens in knapp 1 1/2 Minuten − herausgefunden, daß sich die
Quadrate der Umlaufszeiten zweier Planeten wie die dritten Potenzen der diesbezüglichen
Sonnenabstände verhalten! ($y = 1 \cdot x^{1,5}$; d. h. $y = x^{3/2}$ oder $y^2 = x^3$)

3.3.5 Exponentieller Anstieg der Weltbevölkerung

Läßt sich die Hypothese vom exponentiellen Anstieg der Weltbevölkerung durch die folgende Tabelle stützen?

Jahr	Erdbevölkerung in Mrd.
1920	1,8
1940	2,3
1960	3,1

Unser Computerausdruck bestätigt:

3. FALL   R = 0.99839740
  A = 1.35903862E-02
  B = 8.30096040E-12

Zugehörige Funktion: $y = 8{,}3 \cdot 10^{-12} \cdot e^{0,0136x}$
                       $ = 8{,}3 \cdot 10^{-12} \cdot 1{,}0137^{x}$

Voraussagen für das Jahr   1980:   4 Mrd.
                             2000:   5,3 Mrd.
                             2080:   15,7 Mrd.

Natürlich muß man hier erwähnen, daß die tatsächliche Entwicklung der Weltbevölkerung
von einer Unzahl weiterer Faktoren abhängt, die in drei Wertepaaren nicht erfaßt werden
können, so daß die Funktion ein stark vereinfachtes Modell darstellt.

3.3.6 Entladung eines Kondensators

Ein Kondensator unbekannter Kapazität wird an einer Gleichstromquelle unbekannter
Spannung kurz aufgeladen und dann über einen Widerstand von 1 GΩ (1 Gigohm = 10^9
Ohm) langsam entladen. Stoppuhr und statisches Voltmeter ermöglichten folgende
Meßreihen: (Zeit t in s ab Beginn der Entladung; zugeordnete Spannung U am Konden-
sator in Volt)

t	5	10	15	20	25	30	60	120
U	190,2	181	172,1	163,7	155,8	148,2	109,8	60,2

Der Rechner liefert

3. FALL   R = -0.99999953
  A = $-1.000375261E\text{-}02$
  B = 200.0170918

Folglich verläuft die Entladung nach dem Gesetz $y = 200 \cdot e^{-\frac{1}{100} \cdot x}$ resp. $U(t) = U_0 \cdot e^{-\frac{1}{R \cdot C} t}$,
woraus sich sofort die Anfangsspannung $U_0 = 200$ Volt und die Kapazität 10^{-7} F = 0,1 μF
ablesen läßt. Extrapolationen zeigen, daß die Spannung nach 10 min auf 0,5 V und nach
30 min auf $3 \cdot 10^{-6}$ V gesunken ist.

3.3.7 Höhenmessung mit dem Barometer

Voraussetzung ist eine Tabelle, die die Höhe über dem Erdboden als Funktion des Luft-
drucks wiedergibt:

Luftdruck in mbar	1013	898	794	701	616	540
Höhe in m	0	1000	2000	3000	4000	5000

Der Rechner tippt — falls $y_1 = 10^{-8}$ gesetzt — auf den

4. FALL   R = -0.99985865
  A = -7950.748989
  B = 55061.40642

dies entspräche der Logarithmusfunktion $y = -7,951 \cdot \ln x + 55,1$. ([y] = km)
Weitere Werte: 1000 mbar/140 m; 800 mbar/1914 m; 500 mbar/5651 m;
                  100 mbar/18447 m

Vorsorglich möchte der Autor seine Leser jedoch davor warnen, obige Werte etwa bei
Ballonfahrten im Nebel zugrundezulegen.

(Luftdruckschwankungen, Temperatur, Wind und Wetter sowie örtliche Besonderheiten
sind nicht berücksichtigt).

4 Kleine mathematische Entdeckungen

4.1 Magische Quadrate

a) Mathematischer Hintergrund

Magische Quadrate findet man schon in Handschriften des alten China; es sind quadratische Anordnungen natürlicher Zahlen mit folgender Besonderheit:

(1)   Alle Zeilensummen sind gleich einer bestimmten Zahl S.
(2)   Alle Spaltensummen sind gleich S.
(3)   Die beiden Diagonalsummen sind auch gleich S.

Hier das älteste dreireihige Zauberquadrat:

4	9	2
3	5	7
8	1	6

Wie kommt man zu solchen Quadraten? Für Quadrate mit ungerader Gliederzahl gibt es ein relativ einfaches Verfahren, das anhand des obigen Beispiels erklärt werden soll (Bild 4.1).

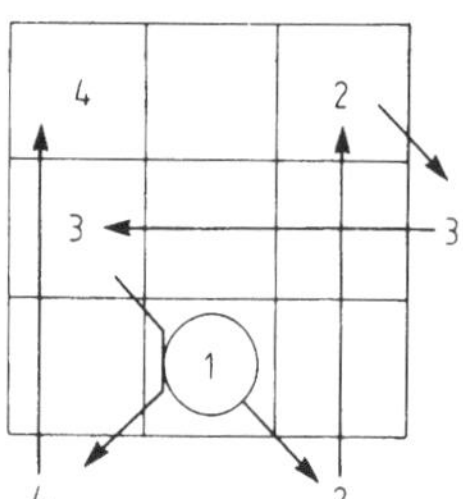
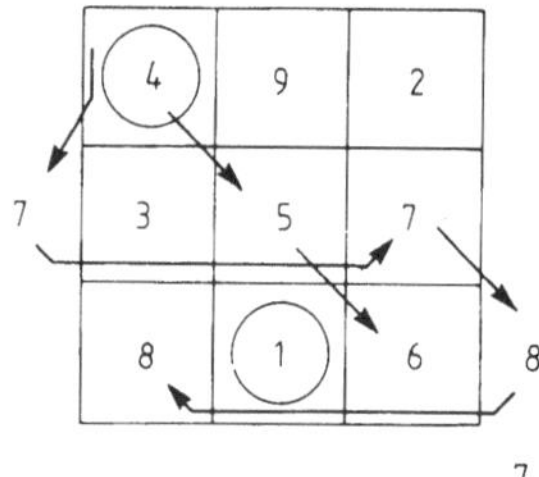

Man beginnt mit der Zahl 1, die stets unterhalb der Mitte (also direkt unterhalb des Diagonalschnittpunktes) eingetragen wird. Für die Unterbringung der übrigen Zahlen sind drei Regeln zu beachten:

I.   Die nächste Zahl soll nach Möglichkeit rechts unterhalb der soeben eingetragenen Zahl plaziert werden. Wenn das nicht geht, helfen die Punkte II und/oder III weiter.

II.   Wenn man an einen Platz gerät, der außerhalb des Quadrats liegt, d. h. unterhalb, oberhalb, links oder rechts der Umrandung, so gehe man drei Felder nach oben, nach unten, nach rechts oder nach links zurück.

III.   Stößt man auf ein Feld, das schon besetzt ist, so versucht man es zunächst mit dem links unterhalb des besetzten Feldes liegendem Platz.

Nun geht es darum, die Regeln in eine dem Rechner verständliche Form zu bringen, so daß dieser nach Eingabe der Zeilenanzahl n ein solches Quadrat liefert.

b) Allgemeiner Ablaufplan

Eingabe einer ungeraden Zahl n
Belegung des Feldspeichers $A(i, j)$ von $i, j = 1$ bis n mit Nullen; $i \leftarrow (n + 3)/2$; $j \leftarrow i - 1$

Wiederhole von $z = 1$ an

Wiederhole

Wenn $i > n$, *dann* $i \leftarrow 1$
Wenn $i < 1$, *dann* $i \leftarrow n$
Wenn $j > n$, *dann* $j \leftarrow 1$
Wenn $j < 1$, *dann* $j \leftarrow n$
Wenn $A(i, j) \neq 0$, *dann* $i \leftarrow i + 1$
und $j \leftarrow j - 1$

bis $A(i, j) \neq 0$

$A(i, j) \leftarrow z$; $i \leftarrow i + 1$; $j \leftarrow j + 1$

bis $z = n \cdot n$

Ausgabe $A(i, j)$ von $i, j = 1$ bis n

Erläuterungen zum allgemeinen Ablaufplan:

$A(i, j)$ stellt einen zweidimensionalen Verbundspeicher (*array*) dar, dessen Komponenten i und j unabhängig voneinander von 1 bis n laufen. i kennzeichnet die Zeilen, j die Spalten des Zahlenquadrats. (Wir haben hier eine Realisation des mathematischen Begriffs *Matrix* vor uns!) $A(2, 3) \leftarrow$ 0 bedeutet z. B., daß die Zelle Nr. 3 in der 2. Zeile mit Null belegt wird; die Belegung aller Zellen mit Null (*Speicherinitialisierung*) ist nötig, um später Regel III anwenden zu können.

Der Term $(n + 3)/2$ weist i stets die richtige Zeile für die Startzahl 1 zu, $j = i - 1$ die zugehörige mittlere Spalte.

Im inneren Block der beiden ineinandergeschachtelten Wiederholungen sind die Regeln II und III algorithmisiert; im äußeren Block die Regel I ($i > n$ entspricht dem Unterschreiten der n-ten Zeile; $j < 1$ kennzeichnet z. B., daß wir uns links von der 1. Spalte befinden. Die Erhöhung der Indizes i und j um je 1 bedeutet die Ansteuerung eines gemäß Regel I vorgesehenen Platzes!)

c) BASIC-Übersetzung

```
10: INPUT "UNGER.ZAHL VON 3 BIS 11",N
20: Z=0:GOSUB "QUADRAT"
30: I=(N+3)/2:J=I-1:M=N*N

40: FOR Z=1TO M
50: IF I>NLET I=1
60: IF I=0LET I=N
70: IF J>NLET J=1
80: IF J=0LET J=N
```

```
 90:K=(I−1)*N+J+26
100:IF A(K)<>0LET I=I+1,J=J−1:GOTO 50
110:A(K)=Z:I=I+1:J=J+1:NEXT Z
120:GOSUB "QUADRAT"
130:END

140:"QUADRAT"
150:FOR I=1TO N:FOR J=1TO N
160:K=(I−1)*N+J+26
170:IF Z=0LET A(K)=0:GOTO 190
180:PRINT I;"ZEILE, ";J;"SPALTE: ";A(K)
190:NEXT J:NEXT I
200:RETURN
```

Erläuterungen zur BASIC-Version:

Da der PC-1212 nur eindimensionale Feldspeicher kennt (s. 2.2.4), sind die Zugriffsmechanismen etwas komplizierter als im allgemeinen Plan formuliert. Die wesentliche Anpassung geschieht in Zeile 90 bzw. 160 (die im Quadrat untereinander stehenden Zeilen werden sozusagen nebeneinander gepackt; die Zahl 26 wurde gewählt, damit die 26 Standardspeicher A−Z unberührt bleiben!)

Weil die Initialisierung von $A(i, j)$ und die Ausgabe der Elemente von $A(i, j)$ viel gemeinsam haben, wurden sie in Form eines Unterprogramms mit Namen Quadrat ausgegliedert.

Die Beschränkung $n = 11$ ergibt sich aus dem Umstand, daß nach Eingabe des Programms noch 143 Zellen für $A(i, j)$ frei sind (MEM-Abfrage).

d) Testläufe

für $n = 5$ und $n = 9$ lieferten die folgenden Zauberquadrate

11	24	7	20	3
4	12	25	8	16
17	5	13	21	9
10	18	1	14	22
23	6	19	2	15

37	78	29	70	21	62	13	54	5
6	38	79	30	71	22	63	14	46
47	7	39	80	31	72	23	55	15
16	48	8	40	81	32	64	24	56
57	17	49	9	41	73	33	65	25
26	58	18	50	1	42	74	34	66
67	27	59	10	51	2	43	75	35
36	68	19	60	11	52	3	44	76
77	28	69	20	61	12	53	4	45

Der Autor gesteht, daß er beim Neunerquadrat nur die Diagonalsummen überprüft hat. Um alle 18 verbleibenden Summen zu kontrollieren, könnte der Leser ein kleines Ergänzungsprogramm schreiben!

Der Wert der Summe S kann übrigens leicht vorhergesagt werden:

$$n \cdot S = 1/2 \cdot n^2 \cdot (n^2 + 1) \quad \text{ergibt} \quad S_5 = 65 \quad \text{und} \quad S_9 = 369$$

(Formel für die Summe der n ersten Natürlichen Zahlen heranziehen!) Wer mehr über Zauberquadrate erfahren will, s. z. B. [2], [3].

4.2 Pythagoräische Zahlentripel

4.2.1 Berechnung sämtlicher Tripel

a) Mathematischer Hintergrund

Pythagoräische Tripel sind Zusammenstellungen natürlicher Zahlen a, b, c, bei denen das Quadrat der größten Zahl c gleich der Summe der Quadrate der beiden anderen Zahlen b und a ist, also

$$a^2 + b^2 = c^2$$

Man kann a, b, c daher als Seitenlängen rechtwinkliger Dreiecke deuten. Das erste derartige Zahlentripel ist a = 3, b = 4, c = 5; wie könnte ein Programm aussehen, das systematisch solche Tripel sucht und anzeigt?

Eine Möglichkeit besteht darin, den Rechner einfach probieren zu lassen, etwa dadurch, daß zu verschiedenen a, b der Term

$$\sqrt{a^2 + b^2}$$

gebildet und auf Ganzzahligkeit überprüft wird. Dieses Verfahren ist aber zeitaufwendig; wenn man z. B. a und b unabhängig voneinander die Zahlen von 1 bis 100 durchlaufen ließe, wären das 10000 Einzeltests. Infolge der Kommutativität der Addition kann man diese immerhin auf 5050 reduzieren, wie die folgende Übersicht zeigt:

$100^2 + 100^2$	$100^2 + 99^2$	$100^2 + 98^2$	$100^2 + 2^2$	$100^2 + 1^2$
$99^2 + 100^2$	$99^2 + 99^2$	$99^2 + 98^2$	$99^2 + 2^2$	$99^2 + 1^2$
$98^2 + 100^2$	$98^2 + 99^2$	$98^2 + 98^2$	$98^2 + 2^2$	$98^2 + 1^2$
$3^2 + 100^2$	$3^2 + 99^2$	$3^2 + 98^2$	$3^2 + 2^2$	$3^2 + 1^2$
$2^2 + 100^2$	$2^2 + 99^2$	$2^2 + 98^2$	$2^2 + 2^2$	$2^2 + 1^2$
$1^2 + 100^2$	$1^2 + 99^2$	$1^2 + 98^2$	$1^2 + 2^2$	$1^2 + 1^2$

Nach diesem Schema ist das folgende Flußdiagramm entstanden.

Erläuterungen:

Die im Schema zusammengestellten Zahlenblöcke werden innerhalb eines jeden Blockes von oben nach unten und als ganze von links nach rechts abgearbeitet. Dem entspricht im Flußdiagramm eine innere und eine äußere Schleife („Schleifenschachtelung"), die beiden mit 3. beginnen und durch die Nein-Ausgänge von 7. und 10. zurückgeführt werden. Zum Ausdruck aller Tripel von a = 75, b = 100, c = 125 bis hinunter zu a = 3, b = 4, c = 5 wurden ca. 2 Std. benötigt.

b) Allgemeiner Ablaufplan

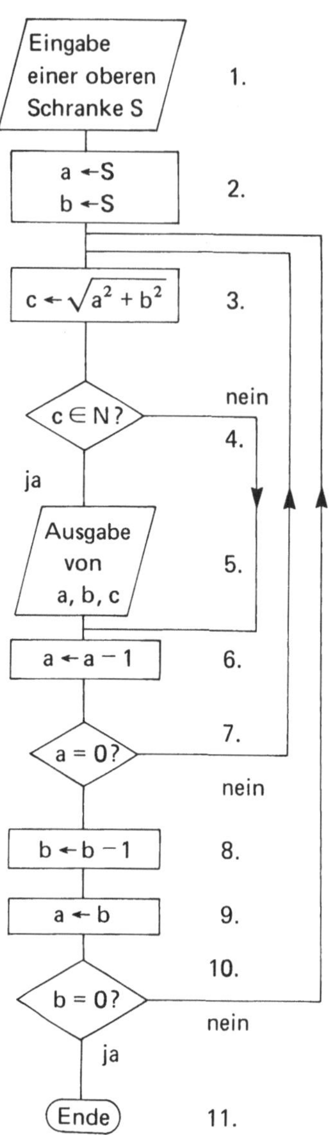

c) BASIC-Übersetzung

```
10:INPUT S
20:A=S:B=S
30:C=√(A*A+B*B)
40:IF C-INT C=0 PRINT " A=";A;" B=";B;C=";C
50:A=A-1
60:IF A<>0THEN 30
70:B=B-1:A=B
80:IF B<>0THEN 30
90:END
```

d) Testbeispiele (S = 100, Ausschnitt)

```
S=100        a=  75.            9.
             b=100.           12.
             c=125.           15.

     usw.     20.              5.
              99.             12.
             101.             13.

              72.              6.
              96.              8.
             120.             10.

              40.              3.
              96.              4.
             104.              5.

         • • •
```

4.2.2 Beschränkung auf Grundtripel

a) Vorüberlegungen

Bei Betrachtung der Ergebnisse fällt auf, daß z. B. der Fall 6, 8, 10 gegenüber dem Fall 3, 4, 5 nichts wesentlich Neues bringt, weil ersterer aus letzterem durch schlichte Multiplikation mit 2 viel einfacher und vor allem schneller gewonnen werden kann; ähnliches gilt für das Tripel 9, 12, 15 usw.; es würde sinnvoller sein, sich auf die Berechnung teilerfremder Zusammenstellungen von a, b, c zu beschränken! Diese *Grundtripel* erhält man nach folgendem Rezept:

m und n seien natürliche Zahlen, die den Bedingungen

I. $m > n$

II.   m und n teilerfremd

III.   m und n nicht beide ungerade

genügen müssen, dann erhält man *sämtliche* Grundtripel aus den Termen

$2 \cdot m \cdot n; \quad m^2 - n^2; \quad m^2 + n^2;$

eine Herleitung hierzu finden Sie z. B. in

A. Aigner, Zahlentheorie, de Gruyter, Berlin 75, S. 34/35 oder in

B. Gündel, Pythagoras im Urlaub, 6. Aufl., Diesterweg, S. 87 bis 91.

b) Allgemeiner Ablaufplan

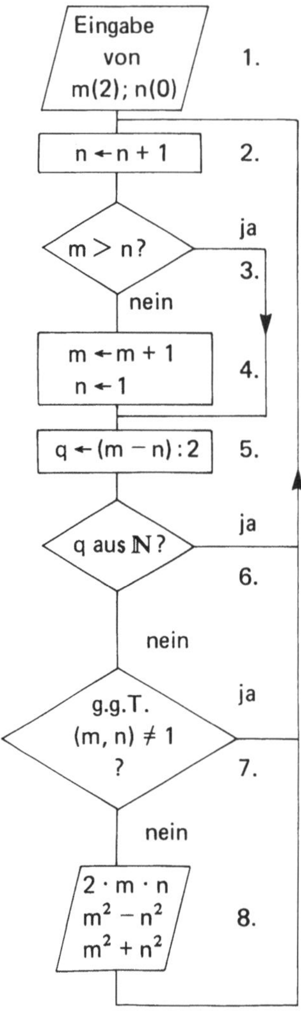

Erläuterungen zum Flußdiagramm:

Wenn man mit Startwerten m = 2 und n = 1 arbeitet, erhält man alle Tripel, beginnend
mit 4, 3, 5, allerdings in anderer Reihenfolge als beim letzten Programm; man beachte auch,

daß die Variable n zwischendurch immer mal wieder auf 1 heruntergesetzt wird (Block 4).
Die Bedingung, daß m und n nicht beide zugleich ungerade sein dürfen, wird durch 5. und
6. realisiert.

c) BASIC-Übersetzung

```
 10:INPUT M, N
 20:N=N+1
 30:IF M>NTHEN 50
 40:M=M+1:N=1
 50:Q=(M−N)/2
 60:IF Q−INT Q=0THEN 20
 70:U=M:V=N:GOSUB "GGT": IF V<>1THEN 20
 80:A=2*M*N:B=M*M−N*N:C=M*M+N*N
 90:PRINT " A=";A;" B=";B;" C=";C
100:GOTO 20

110:"GGT"
120:H=U/V:R=U−V*INT H
130:IF R<>0LET U=V,V=R:GOTO 120
140:RETURN
```

Anmerkung zum BASIC-Programm:

Bei der GGT-Bestimmung verwenden wir das entsprechende Unterprogramm aus 2.4.2,
wobei wir allerdings den Speicher Q durch einen anderen ersetzen mußten, weil wir im
Hauptprogramm schon über ihn verfügt haben.

d) Testbeispiele

Für die Berechnung und Ausgabe der Tripel von 4, 3, 5 bis 612, 35, 613 benötigte der
Rechner etwa 8 min.

```
  4.             • • •
  3.
  5.
                396.           120.
                203.           119.
 12.            445.           169.
  5.
 13.
                468.           • • •
                155.
  8.            493.           264.
 15.                            23.
 17.                           265.
                612.
                 35.
 24.            613.
  7.
 25.


 20.
 21.
 29.
```

Bei Betrachtung der Tripel fallen zwei besondere Fälle auf:

a) die erste und zweite Zahl unterscheiden sich nur um 1

b) die erste und dritte Zahl unterscheiden sich nur um 1.

Wenn wir die Zahlen als Seiten rechtwinkliger Dreiecke deuten, so haben wir im Fall a) ein fast gleichschenkliges Dreieck und im Fall b) ein langgestrecktes Dreieck vor uns; man hat bewiesen, daß es von beiden Sorten unendlich viele gibt. (Man könnte das Programm so abändern, daß nur noch solche besonderen Tripel ausgedruckt werden!)

4.3 Primzahltabellierungen

4.3.1 Grundverfahren

a) Mathematischer Hintergrund

Primzahlen sind bekanntlich solche Zahlen, die nur durch sich selbst und durch *1* teilbar sind (vereinbarungsgemäß ist *1* nicht prim). Aus Gründen der Programmvereinfachung tabellieren wir *2* (die einzige gerade Primzahl) nicht mit. Im Prinzip kann man eine Primzahltabelle dadurch erstellen, daß man den Rechner jede ungerade Zahl a auf etwa vorhandene Teiler überprüfen läßt. Die Divisoren b müßten von 3 an aufwärts immer um 2 erhöht werden, bis $b > q$ in der Gleichung $q = a/b$ (oder $b > \sqrt{a}$)

b) BASIC-Programm

```
10:INPUT A
20:B=3
30:Q=A/B
40:IF B>QPRINT A:GOTO 70
50:IF Q-INT Q=0THEN 70
60:B=B+2:GOTO 30
70:A=A+2:GOTO 20
```

Zur Steigerung der Ablaufgeschwindigkeit haben wir auf die Eingabe einer oberen Intervallgrenze verzichtet, es werden die Primzahlen ab A ausgegeben, bis man mit der break-Taste abbricht.

c) Testausschnitt

```
13.        997.        9997.         100003.
17.       1009.       10007.         100019.
19.       1013.       10009.         100043.
23.       1019.       10037.         100049.
29.       1021.       10039.         100057.
31.       1031.       10061.         100069.
37.       1033.       10067.         100103.
```

4.3.2 Primzahlzwillinge

a) Mathematischer Hintergrund

Mit Ausnahme des Paares (2, 3) sind Primzahlzwillinge stets durch die Differenz zwei gekennzeichnet. Der nun folgende Plan ermöglicht die Ausgabe aller Paare oberhalb einer vorher einzugebenden Zahl *a* bis zur Kapazitätsgrenze des Rechners.

b) Allgemeiner Ablaufplan

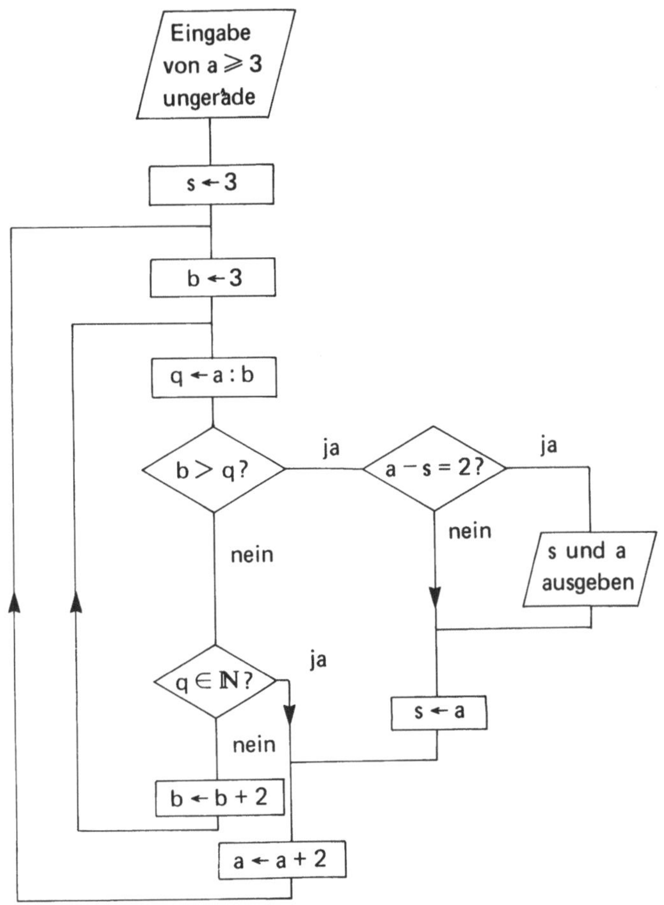

Erläuterungen zum allgemeinen Ablaufplan:

Man simuliert zum besseren Verständis am besten ein paar Durchgänge, indem man z. B. mit der Eingabe von 9 beginnt und die Vorgänge solange verfolgt, bis unten *a* auf **19** erhöht wird. Der Speicher *S* dient offenbar nur zur vorrübergehenden Aufbewahrung einer Primzahl, um ggf. ein Zwillingspaar ausgeben zu können.

c) BASIC-Übersetzung

```
10: INPUT "UNGERADE ZAHL AB 3: ";A       60: IF Q−INT Q=0THEN 100
20: S=3                                  70: B=B+2:GOTO 40
30: B=3                                  80: IF A−S=2 PRINT S,A
40: Q=A/B                                90: S=A
50: IF B>QTHEN 80                        100: A=A+2:GOTO 30
```

d) Testergebnisse

```
11    13          101   103          100151.
17    19          107   109          100153.
29    31          137   139
41    43          149   151
59    61          179   181          100361.
71    73          191   193          100363.
```

Die ersten Paare werden innerhalb weniger Sekunden angezeigt. Es dauert hingegen mehr als eine Stunde, bis sich der Rechner beispielsweise von (100151, 100153) auf (100361, 100363) emporgearbeitet hat.

4.3.3 Schnellverfahren

Um die Tabellierung von Primzahlen zu beschleunigen, müßte man vor allem in der inneren Schleife Zeit sparen, und zwar dadurch, daß man die Anzahl der Divisionen herabsetzt; im Moment werden alle ungeraden Zahlen genommen. Es würde genügen, nur Primzahlen als Divisoren zu nehmen. Einen Schritt in diese Richtung geht man schon, wenn man jene ungeraden Zahlen herausnimmt, die Vielfache von 3 sind; Voraussetzung wäre lediglich, daß die zu untersuchende Zahl nicht durch 3 teilbar ist, was mit Hilfe der Quersumme schnell festgestellt werden kann. Wie man der folgenden kleinen Skizze entnehmen kann, würde der Speicher B der Divisoren nicht mehr stets um 2, sondern nur noch abwechselnd um 2 und um 4 aufgestockt werden:

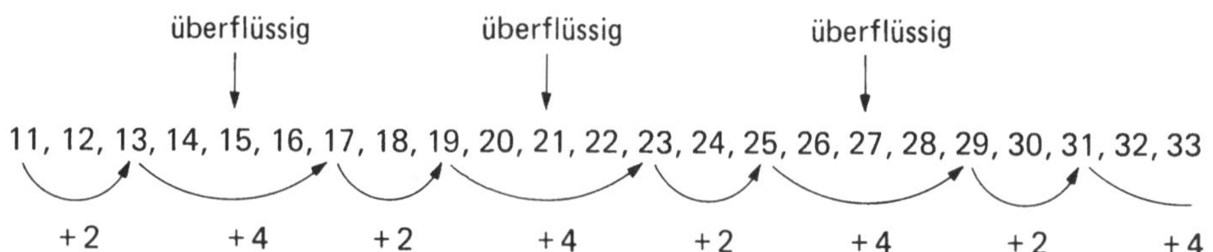

Man kann das Prinzip, welches für die Auswahl der Teiler maßgebend wurde, nämlich abwechselnd 2 und 4 zu addieren, noch einmal anwenden bei der Aussortierung der ungeeigneten „Primzahlanwärter": Man braucht nur mit einer Zahl zu beginnen, die um 1 größer (kleiner) als eine gerade, durch 3 teilbare Zahl, also eine durch 6 teilbare Zahl, ist, um anschließend abwechselnd 2 und 4 (4 und 2) addieren zu können, vgl. hierzu noch einmal die Skizze. Im folgenden Entwurf wählen wir die erste Möglichkeit; die als untere Grenze einzugebende Zahl ist also von der Form $a = 6 \cdot n + 1$, n aus $\mathbb{N}$.

b) Allgemeiner Ablaufplan

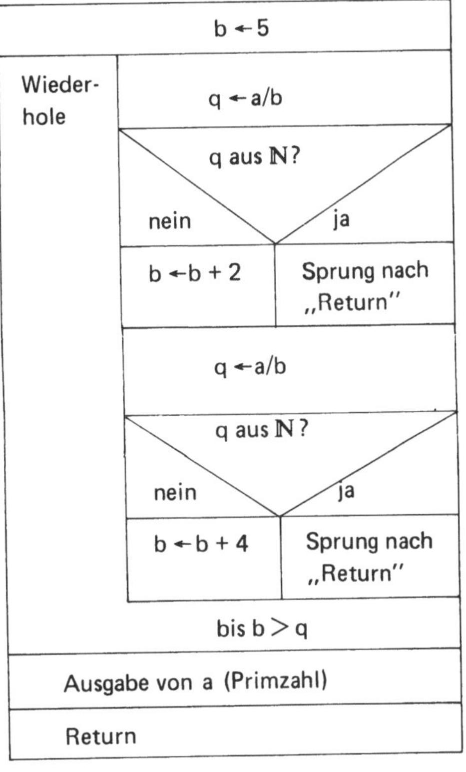

c) BASIC-Übersetzung (vgl. auch 4.3.1)

```
10:INPUT A
20:GOSUB 30:A=A+4:GOSUB 30:A=A+2:GOTO 20

30:B=5
40:Q=A/B: IF Q-INT Q=0THEN 100
50:B=B+2
60:Q=A/B: IF Q-INT Q=0THEN 100
70:B=B+4
80:IF B<=QTHEN 40
90:PRINT A
100:RETURN
```

d) Testergebnisse

Während der Rechner mit Programm 4.3.1 49 Minuten benötigte, um die Primzahlen zwischen 1000 und 2000 zu berechnen, braucht er diesmal für das gleiche Intervall „nur" 28 Minuten. (PAUSE-Ausgabe; Schluß durch BEEP-Signal)

4.3.4 Sieb des Eratosthenes

a) Mathematischer Hintergrund

Wie schon erwähnt, könnte man die Prüfung einer ungeraden Zahl a auf ihre Teilbarkeit
dahingehend abkürzen, daß man sie nur durch ihre Primteiler $b \leqslant \sqrt{a}$ teilt. Zu diesem
Zweck müßte man z. B. erst die Primzahlen des Bereichs 1 bis 100 abspeichern, um die
Primzahlen des Bereichs 1 bis 10000 herauszufinden. (Die Grundidee dazu stammt von
Erathostenes (3. Jh. v. Chr.). Die Originalversion seiner *Siebmethode* können wir leider
mit dem PC-1212 nicht verwirklichen, weil man dazu mehr als 5000 Speicher nötig hätte.
In diese Speicher müßte man nämlich vorab alle ungeraden Zahlen bis 9999 schaffen und
dann anschließend all jene Speicher wieder löschen, die mit den Vielfachen von 3,5, 7, 11,
13, 17 usw. gefüllt waren, so daß am Schluß nur noch Primzahlen übrig blieben.)

b) BASIC-Programm

```
 10:INPUT X:A=7:K=27
 20:B=3: IF A=XTHEN 80
 30:Q=A/B
 40:IF B>QLET A(K)=A:K=K+1:GOTO 70
 50:IF Q-INT Q=0THEN 70
 60:B=B+2:GOTO 30
 70:A=A+2:GOTO 20

 80:GOSUB 90:A=A+4:GOSUB 90:A=A+2:GOTO 80
 90:B=5:K=26
100:Q=A/B: IF Q-INT Q=0THEN 130
110:K=K+1:B=A(K): IF B<=QTHEN 100
120:PRINT A
130:RETURN
```

Erläuterungen zum BASIC-Programm:

Wir unterscheiden zwei Blöcke: Der erste unterscheidet sich von dem in 4.3.1 vorgestellten
Programm nur durch eine geänderte Eingabe sowie den Umstand, daß in Zeile 40 die Primzahlen nicht angezeigt, sondern im Feldspeicher A(K) konserviert werden. Die Zahl auf
Speicher X muß wieder von der Form 6n + 1 sein, damit der zweite Block wie in 4.3.3 beschrieben funktionieren kann. Dort werden dann die Primzahlen A im Intervall $X \leqslant A < X^2$
angezeigt. Weil gemäß MEM-Abfrage noch 152 Zellen von A(K) frei sind, könnte man
X = 907 wählen (A(27) = 7; A(28) = 11, usw. bis A(178) = 907) und bekäme so alle Primzahlen unterhalb von $907^2 = 822649$!

c) Testläufe

Man wählt zunächst kleinere Werte für X und vergleicht die Ergebnisse mit denen von 4.3.1.
Für die Tabellierung aus 4.3.2 braucht der Rechner sogar etwas über 1/2 Std.; erst oberhalb
von 3000 wird dieses Verfahren gegenüber den anderen immer schneller!

4.4 Natürliche Zahlen stecken voller Rätsel

4.4.1 Vermutung von McCarthy

a) Problemstellung

In den sechsziger Jahren entdeckte der Amerikaner McCarthy folgende Gesetzmäßigkeit:
Man nehme eine beliebige natürliche Zahl. Ist sie gerade, so teilt man so lange durch zwei,
bis das Ergebnis ungerade wird. Falls man nicht eins erhält, multipliziert man das Ergebnis
mit drei und addiert eins; mit der so entstandenen geraden Zahl wiederhole man den Vorgang.

Ist die Ausgangszahl ungerade, verfährt man mit ihr wie oben mit dem ungeraden Zwischen-
ergebnis usw.

Die bisher verwandten natürlichen Zahlen lieferten bei diesem Vorgang stets eine Folge von
Zahlen, die mit 4, 2, 1 abbricht; man weiß jedoch noch nicht, ob dies für jede natürliche
Zahl gilt.

Beispiele:

Gegeben sei 18, dann erhält man 9, 28, 14, 7, 22, 11, 34, 17, 52, 26, 13, 40, 20, 10, 5, 16,
8, 4, 2, 1.
Gegeben sei 21, man bekommt 21, 64, 32, 16, 8, 4, 2, 1.

Entscheidend für den Abbruch ist offenbar das Auftauchen einer Zweierpotenz!

Das unten angegebene Flußdiagramm zählt zusätzlich die Anzahl der Folgeglieder im
Speicher k.

b) Allgemeiner Ablaufplan

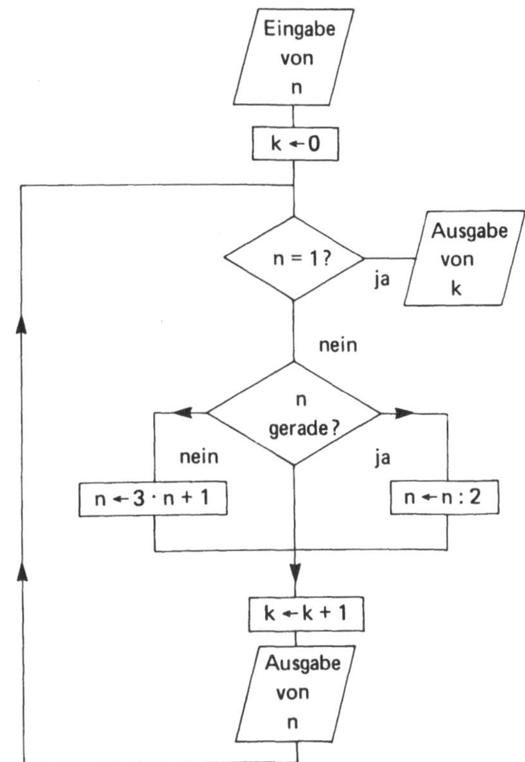

c) BASIC-Übersetzung

```
10:INPUT N
20:K=0
30:IF N=1PRINT K:END
40:H=N/2: IF H=INT HLET N=H:GOTO 60
50:N=3*N+1
60:K=K+1
70:PAUSE N
80:GOTO 30
```

d) Testbeispiele

```
n=12.          n= 907.           820.
                                  410.
                                  205.
      6.                          616.
      3.         2722.            308.
     10.         1361.            154.
      5.         4084.             77.
     16.         2042.            232.
      8.         1021.            116.
      4.         3064.             58.
      2.         1532.             29.
      1.          766.             88.
                  383.             44.
  k= 9.          1150.             22.
                  575.             11.
                 1726.             34.
                  863.             17.
                 2590.             52.
                 1295.             26.
                 3886.             13.
                 1943.             40.
                 5830.             20.
                 2915.             10.
                 8746.              5.
                 4373.             16.
                13120.              8.
                 6560.              4.
                 3280.              2.
                 1640.              1.

                 k=  54.
```

4.4.2 Gelöste und ungelöste Probleme der Zahlentheorie

Zu den bekanntesten Vermutungen, die bisher nicht widerlegt, aber auch nicht in voller Allgemeinheit bewiesen werden konnten, zählen die von *Goldbach* und von *Fermat* (18. bzw. 17. Jh.). Erstere besagt, daß jede gerade Zahl oberhalb von 2 als Summe von zwei Primzahlen dargestellt werden kann wie z. B. 12 = 7 + 5; letztere verneint die nichttriviale ganzzahlige Lösbarkeit von $x^n + y^n = z^n$ für $n \geqslant 3$.

Aber bremsen Sie Ihren Forscherdrang noch ein wenig; zum letzten Problem wäre anzumerken, daß man schon vor dem Einsatz von Computern durch theoretische Überlegungen (*E. Kummer* u. a., 19. Jh.) die Nichtlösbarkeit bis hinauf zu $n = 642$ nachweisen konnte, mit Computerunterstützung ist man mittlerweile bei $n = 25000$ angekommen, d. h. mit Ihrem BTC kommen Sie da nicht mehr mit! Ähnlich wird es mit der *Goldbach*schen Vermutung sein; bei den nächsten beiden Fragen ist dem Autor nicht bekannt, wie groß der bisher untersuchte Zahlenraum ist:

Gibt es ungerade *vollkommene* oder *perfekte* Zahlen?

Gemeint sind solche Zahlen, die sich als Summe sämtlicher Teiler — außer der Zahl selbst als trivialem Teiler — darstellen lassen.

Beispiele: $6 = 1 + 2 + 3$; $28 = 1 + 2 + 4 + 7 + 14$

Ist das wenigstens mit einer echten Teilmenge der oben genannten Teiler möglich, nennt man die Zahl „pseudoperfekt".

Beispiel: $945 = 1 + 9 + 21 + 27 + 35 + 45 + 63 + 105 + 135 + 189 + 315$

Ungerade perfekte Zahlen hat man bis heute nicht gefunden! Schon *Euler* hat gezeigt, daß sie von der Form $12n + 1$ oder $36n + 9$ sein müßten.

Ungelöst ist auch die Frage, ob es einen Quader mit natürlichen Kanten a, b, c gibt, so daß sowohl die Raumdiagonale $\sqrt{a^2 + b^2 + c^2}$ als auch die drei Flächendiagonalen $\sqrt{a^2 + b^2}$; $\sqrt{a^2 + c^2}$; $\sqrt{b^2 + c^2}$ natürlich sind.

Bis 1957 war unsicher, ob $2^{31} - 1$ bzw. $2^{31} + 99$ Primzahlen sind; bei $2^{(2^5)}$ weiß man das seit Euler. Sie können es auch mit dem PC-1212 herausbekommen (Lösungen im Anhang)

5 Physikalische Erkenntnisse ohne Höhere Mathematik

5.1 Bewegungen unter Berücksichtigung des Luftwiderstands

Wenn man die Aufprallgeschwindigkeit eines Fallschirmspringers oder die Beschleunigungs-
dauer bis zur Höchstgeschwindigkeit eines Autos berechnen will, kann man Formeln wie
$s = a/2 \cdot t^2$, $v = at$ oder $v = \sqrt{2as}$ nicht anwenden.

Es gilt nämlich: Wenn ein Körper mit dem wirksamen Querschnitt A und der Geschwindigkeit v sich im lufterfüllten Raum bewegt, so erfährt er eine hindernde Reibungskraft vom
Betrag

$$R = c_w \cdot \frac{\rho}{2} \cdot A \cdot v^2$$

hierbei muß man auf *kohärente* Maße achten, also z. B. A in m^2, v in m/s, und ρ, die
Dichte der Luft, in kg/m^3 angeben, um die Kraft R in N (Newton) zu erhalten. Die Formel
gilt nur für Geschwindigkeiten erheblich unter der des Schalls (340 m/s), (siehe Anhang 1).
Der sogenannte *Widerstandsbeiwert* c_w stellt einen Faktor dar, der weitgehend von der
Form des Körpers abhängt und daher starken Schwankungen unterliegt, wie man der fol-
genden Skizze entnehmen kann (siehe Anhang 2):

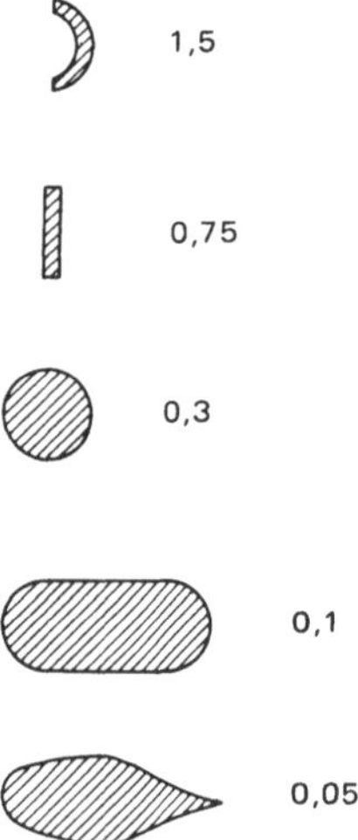

Bei Tempo 130 km/Std. würde z. B. ein PKW mit $A = 2\,m^2$ und einem Beiwert von 0.3
einen Großteil seiner Antriebskraft zur Überwindung des Luftwiderstandes R = 508 N be-
nötigen!

5.1.1 Senkrechter Wurf

a) Vorüberlegungen

Beim aufsteigenden Körper wird die Bewegung sowohl durch sein Gewicht G bzw. die Erdbeschleunigung g (man beachte G = mg) als auch durch die Reibung R bzw. der ihr zuzuordnenden Verzögerung $\frac{R}{m}$ gehemmt (Grundgleichung der Mechanik); beim fallenden Körper hingegen wirkt nur noch R verzögernd, G hingegen beschleunigend. Im letzten Fall wird die resultierende Beschleunigung immer geringer, um schließlich Null zu werden, wenn R betragsmäßig G erreicht hat; von da ab verläuft die Bewegung *stationär,* die konstante Geschwindigkeit v_{st} kann man aus der Gleichung G = R bzw. $mg = c_w \cdot \frac{\rho}{2} \cdot A \cdot v_{st}^2$ vorhersagen.

Die resultierende Beschleunigung ist also eine zeit- und richtungsabhängige Größe; wenn man sie zum Zeitpunkt t durch

$$a(t) = g + \frac{R(t)}{m}$$

darstellt, muß man für die Größen der rechten Seite noch Vorzeichenvereinbarungen treffen. Wir wollen vereinbaren, daß die nach oben gerichtete Geschwindigkeit oder Beschleunigung ein positives Vorzeichen erhält und die nach unten gerichtete Größe ein negatives. Bei dieser Gelegenheit vereinbaren wir für die Wege gleich mit, daß die Erdoberfläche den Nullpunkt einer auf ihr senkrecht stehenden Geraden kennzeichnen soll mit negativem Bereich im Erdinnern.

Das hat zur Folge, daß wir g stets mit $-9,81$ belegen müssen und R(t) immer ein der augenblicklichen Geschwindigkeit v(t) entgegengesetztes Vorzeichen beinhalten muß, was durch eine leichte Abänderung der ursprünglichen Formel erreicht werden kann:

$$R(t) = -c_w \cdot \frac{\rho}{2} \cdot A \cdot v(t) \cdot |v(t)|$$

Wir kennzeichnen nun die Position des Körpers zum Zeitpunkt t mit y(t); seine Momentangeschwindigkeit an dieser Stelle sei v(t) und die augenblickliche Beschleunigung a(t). Unser Ziel ist es, die genannten Größen auch zu einem späteren Zeitpunkt $t + \Delta t$ zu kennen.

Für hinreichend kleine Δt ergibt sich zunächst die Möglichkeit

I $\qquad y(t + \Delta t) \approx y(t) + v(t) \cdot \Delta t,$ $\qquad\qquad\qquad\qquad\qquad\qquad y(t + \Delta t)$

weil aber v(t) zu groß (oder zu klein) ist, verglichen mit der Durchschnittsgeschwindigkeit längs Δt, und $v(t + \Delta t)$ zu klein (zu groß), nimmt man besser eine Geschwindigkeit nahe der *Zeitmitte* des Intervalls $(t, t + \Delta t)$, symbolisch

II $\qquad y(t + \Delta t) \approx y(t) + v\left(t + \frac{\Delta t}{2}\right) \cdot \Delta t,$

damit der Fehler minimal wird; hierbei gewinnen wir $v\left(t + \frac{\Delta t}{2}\right)$ gemäß

III $\qquad v\left(t + \frac{\Delta t}{2}\right) \approx v(t) + a(t) \cdot \frac{\Delta t}{2} \ .$

Wenn wir auf diese Weise $y(t + \Delta t)$ erhalten haben, wiederholen wir den Vorgang, wobei wir die Geschwindigkeit in der neuen Zeitmitte wieder nach III, aber mit Δt statt $\frac{\Delta t}{2}$ berechnen und anschließend mit I den neuen Wegpunkt. Von jetzt ab kann alles unverändert weiterlaufen, man muß lediglich bei der Ausgabe von y und v daran denken, daß Wege und Geschwindigkeiten zeitlich um $\frac{\Delta t}{2}$ versetzt sind; dies ist in dem folgenden Ablaufplan berücksichtigt.

b) Allgemeiner Ablaufplan

Anfang des Programms

Eingabe von m, A, c_w, Δt und den Anfangswerten für v und y sowie $g = -9{,}81$ und $\frac{\rho}{2} = 0{,}65$

$$
\textit{Wiederhole} \quad
\begin{cases}
R \leftarrow -c_w \cdot \frac{\rho}{2} A \cdot v \cdot |v| \\[1ex]
a \leftarrow g + R/m \\[1ex]
v \leftarrow v + a \cdot \Delta t \left(\text{beim ersten Durchlauf } v \leftarrow v + a \cdot \frac{\Delta t}{2}\right) \\[1ex]
y \leftarrow y + v \cdot \Delta t \\[1ex]
\textit{Ausgabe} \text{ von } v + a \frac{\Delta t}{2} \text{ und } y
\end{cases}
$$

bis per Hand abgestellt

Ende des Programms

c) BASIC-Übersetzung

```
10: INPUT "␣M=";M, "␣A=";A, "␣C=";C," T=";T," V=";V, "␣Y=";Y
20: G=-9.81:H=0.65:I=1
30: R=-C*H*A*V*ABS V
40: B=G+R/M
50: IF I=1LET V=V+B*0.5*T:GOTO 70
60: V=V+B*T
70: Y=Y+V*T:W=V+0.5*B*T
80: USING :PRINT I;USING "####.#";"␣␣␣V=";W;USING "#####.#";"␣␣Y=";Y
90: I=I+1:GOTO 30
```

Erläuterungen zum BASIC-Programm:

$\rho/2$ ist in H untergebracht; I zählt die Zeitabschnitte T und bewirkt außerdem die Halbierung von T im ersten Durchlauf (Zeile 50). B enthält die Beschleunigung. Zeile 80 demonstriert, wie man mit Hilfe der USING-Anweisung drei verschiedene Formate gleichzeitig in die Anzeige bekommt!

d) Testbeispiele in graphischer Darstellung

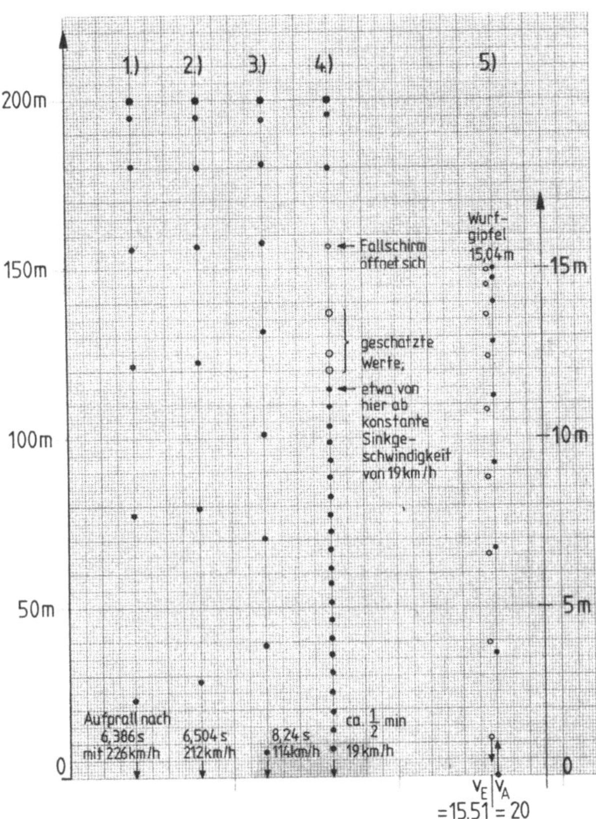

Erläuterungen:

1. Freier Fall aus 200 m Höhe ohne Luftwiderstand; man setze $m \neq 0$ (wegen der Division in Programmabschnitt 2.), $c_w = 0$; $\Delta t = 1$; $v = 0$; $y = 200$.

   Vielleicht erstaunt es Sie, daß die angezeigten Werte trotz der relativ großen Zeitspanne exakt sind! (siehe Anhang)

2. Fall aus 200 m Höhe mit Luftwiderstand; man setze z.B. $m = 100$; $A = 0,2$; $c_w = 0,6$; $\Delta t = 1$; $v = 0$; $y = 200$.

   Dies wäre die Situation eines Menschen, dessen Fallschirm sich nicht öffnet, wobei c_w noch günstig abgeschätzt wurde.

3. Fall aus 200 m Höhe mit (besonders stabilem!) Regenschirm; man setze $m = 100$, $A = 1$; $c_w = 1,5$; $\Delta t = 1$; $v = 0$, $y = 200$. Die Bewegung ist fast stationär.

4. Absprung aus 200 m Höhe mit einem Fallschirm; hierbei ist zu bedenken, daß dieser sich erst bei einer gewissen Geschwindigkeit — etwa mit einem Hilfsschirm — öffnet; wir wollen hierfür 3 s ansetzen. Eingabe: $m = 100$; $A = 30$, $c_w = 1,8$; $t = 0,01$ (!); $y = 156$; $v = -29,43$.

Wegen der hohen Anfangsgeschwindigkeit muß man zunächst mit kleinem Δt arbeiten; später kann man zu $\Delta t = 0,1$ und dann zu $\Delta t = 1$ übergehen. Die stationäre Geschwindigkeit, die u.U. auch etwas später einsetzen könnte, beträgt 19 km/Std. entsprechend 5,29 m/s.

5. Ein Ball von 6,5 cm Durchmesser und 40 g Masse wird mit 20 m/s senkrecht nach oben geworfen. Eingaben: m = 0,04; A = 0,003318; c_w = 0,3; t = 0,2; v = 20; y = 0.

Interessant ist u. a., daß die Aufschlaggeschwindigkeit mit v_E = 15,51 m/s deutlich unter der Abwurfgeschwindigkeit v_A = 20 m/s liegt; die Differenz an kinetischer Energie hat sich offenbar in Wärmeenergie verwandt (theoretischer Wurfgipfel: H = $v_0^2/2g$ = 400 : 19,62 = 20,39 (m)).

5.1.2 Schiefer Wurf

a) Vorüberlegung

Die Startbedingungen sind durch die Ortskoordinaten x_0, y_0 und die Anfangsgeschwindigkeit $\vec{v}_0$ gegeben; letztere ist durch ihren Betrag v_0 und den Winkel α_0, den sie mit der positiven Richtung der x-Achse bildet, festgelegt.

Der Grundgedanke des folgenden Programmablaufs ist der, daß alle beteiligten Größen in zwei Komponenten bezüglich der x- und y-Richtung zerlegt werden und jede Komponente so behandelt wird, wie es im vorigen Programm erläutert wurde; physikalische Rechtfertigung dieses Vorgehens ist das *Prinzip der ungestörten Überlagerung von Bewegung.*

b) Allgemeiner Ablaufplan

Anfang des Programms

Eingabe von x_0, y_0, v_0, α_0, m, A, c_w, $\dfrac{\rho}{2}$ = 0,65, Δt, g = $-9,81$

1. $v_x \leftarrow v_0 \cdot \cos\alpha_0$; $v_y \leftarrow v_0 \cdot \sin\alpha_0$; $K \leftarrow -c_w \cdot \dfrac{\rho}{2} \cdot A/m$

Wiederhole
$$\left[\begin{array}{l}
\text{2. } a_x \leftarrow K \cdot v_x \cdot |v_x|\,; a_y \leftarrow g + K \cdot v_y \cdot |v_y| \\[4pt]
\text{3. } v_x \leftarrow v_x + a_x \cdot \Delta t\,; v_y \leftarrow v_y + a_y \cdot \Delta t \\
\quad (3.1\text{: beim ersten Durchgang mit } \Delta t/2 \text{ arbeiten}) \\[4pt]
\text{4. } x \leftarrow x + v_x \cdot \Delta t\,; y \leftarrow y + v_y \cdot \Delta t\,; \textit{Ausgabe } x,\, y \\[4pt]
\text{5. } v_{xk} \leftarrow v_x + a_x \cdot \Delta t/2\,; v_{yk} \leftarrow v_y + a_y \cdot \Delta t/2 \\[4pt]
\text{6. } (v_{xk}, v_{yk}) \text{ in die Polarform } (v, \alpha) \text{ überführen; } v, \alpha \textit{ ausgeben}
\end{array}\right.$$
bis von Hand abgestellt

Ende des Programms

Im Abschnitt 5. sollen v_{xk}, v_{yk} die korrigierten, d.h. zu den Bahnpunkten x, y passenden Geschwindigkeitskomponenten, bedeuten; wenn man nur die Bahnkurve haben will, könnte man sich auf die Punkte 2., 3., 4. beschränken.

c) BASIC-Übersetzung

```
10: INPUT " M=";M," A=";A," C=";C," T=";T," V=";V," X=";X,"Y=";Y," W=";W
20: G=-9.81:H=0.65:I=1:P=V*COS W:Q=V*SIN W:K=-C*H*A/M
30: B=K*P*ABS P:D=G+K*Q*ABS Q
40: IF I=1LET P=P+B*0.5*T,Q=Q+D*0.5*T:GOTO 60
50: P=P+B*T:Q=Q+D*T
60: X=X+P*T:Y=Y+Q*T
80: USING :PRINT I;USING "####.#"; ⌴⌴⌴X=";X;⌴ ⌴Y=";Y
90: I=I+1:GOTO 30
```

Erläuterungen zum BASIC-Programm:

Es wurde gegenüber dem allgemeinen Ablaufplan auf die Berechnung und Ausgabe von Geschwindigkeiten verzichtet. W nimmt den Winkel α_0 auf. Speicherübersicht:

allgemeiner Plan	x_0	y_0	v_0	α_0	m	A	c_w	$\rho/2$	Δt	g	v_x	v_y	a_x	a_y	K
BASIC-Version	X	Y	V	W	M	A	C	H	T	G	P	Q	B	D	K

d) Testbeispiel in graphischer Darstellung

Das Bild zeigt einen mit v_0 = 30 m/s unter einem Erhebungswinkel von 40° abgeschlossenen Fußball. Seine Masse wurde mit 250 g angenommen, der Querschnitt mit 5 dm^2 und c_w mit 0,35; Δt wurde 0,1 gewählt. Die Vergleichskurve für den luftleeren Raum erhält man durch Nullsetzen von c_w; sie stimmt exakt mit den Werten aus der bekannten Bahngleichung

$$y = x \cdot \tan\alpha_0 + \frac{g}{2 \cdot v_0^2 \cdot \cos^2\alpha_0} \cdot x^2$$

überein!

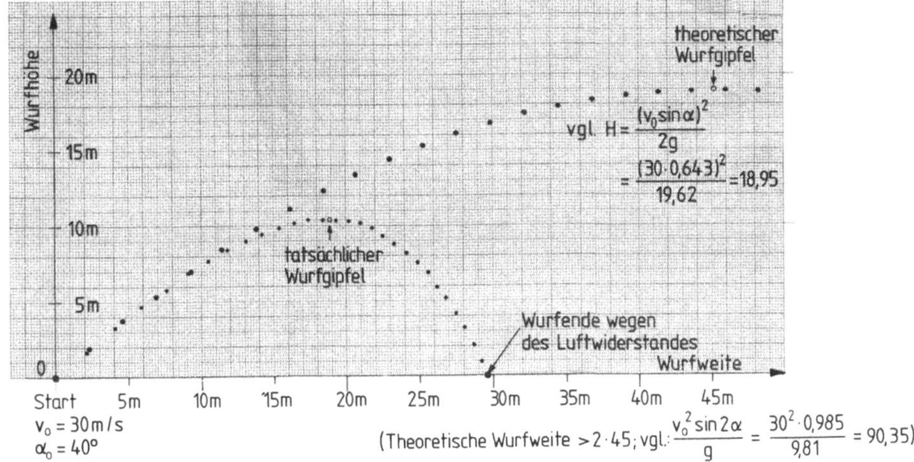

5.2 Gedämpfte Schwingung

a) Zum allgemeinen Ablauf

Man kann das Programm vom senkrechten Wurf so abändern, daß es die Schwingung eines Körpers an einer Schraubenfeder simuliert. Weil die Geschwindigkeit in diesem Fall im Mittel wesentlich geringer ist, wird man für R statt der quadratischen Abhängigkeit von v die lineare, im Falle einer Kugel durch das *Stokesche Gesetz*

$$R = -6\,\pi\eta r \cdot v$$

gegebene, annehmen. Die entsprechende Abänderung von Zeile 1 ist leicht vorzunehmen; in Zeile 2 ändert sich die Momentanbeschleunigung a durch die rücktreibende Kraft der Feder wie folgt: ·

$$a \leftarrow g + R/m + D/m \cdot |y|$$

D ist die *Federkonstante* in N/m; die Betragsstriche sind nötig, weil y in der Regel negativ belegt ist; man beachte, daß die rücktreibende Kraft der Feder im Gegensatz zu g nach oben gerichtet ist!

b) Zum BTC-Ablauf

Entsprechend dem allgemeinen Ablauf sind im BASIC-Programm die nötigen Veränderungen vorzunehmen (D/m und $6\,\pi\eta r$ auf je einen Speicher unterbringen!).

c) Testbeispiel in graphischer Darstellung

Weil die *Viskosität* für Luft sehr gering ist, simulieren wir den folgenden Fall im Medium „leichtes Maschinenöl"[1]) mit $\eta = 0{,}1$ kg/m · s, welches wir uns in einem 1 m hohen Standzylinder befindlich denken; als schwingenden Körper nehmen wir eine 3 cm dicke Eisenkugel der Dichte 7,6 g/cm^3, die dann die Masse 107 g hat; die Federkonstante sei 2,149 N/m, daraus ergibt sich für D/m ca. 20.

Wir starten den Programmablauf mit y = 0 und v = 0 und denken uns dabei die Feder gerade entspannt, das folgende Bild entstand mit $\Delta t = 0{,}1$ s:

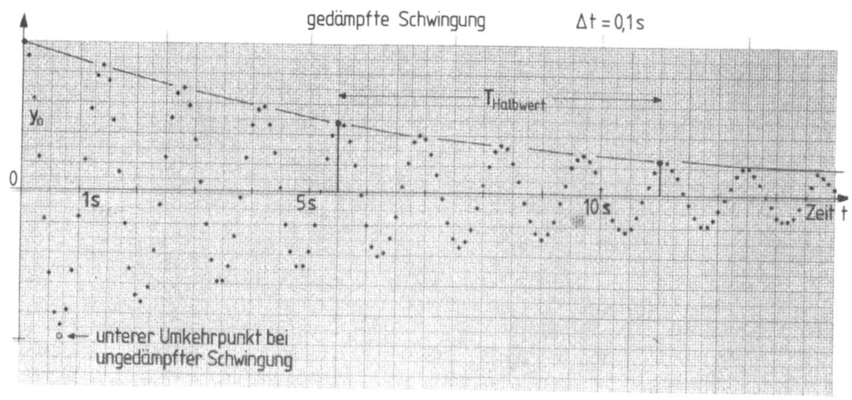

---

[1]) Sonst wird die Auswertung der Meßergebnisse ermüdend, weil die Dämpfung so gering ist.

Infolge des als Nullpunkt der y-Achse angesetzten oberen Totpunkts der (ungedämpften)
Schwingung gibt unser Programm alle y-Werte negativ aus; die Mittellage der Zeitachse ist
− 0,49 m, siehe unten. Im folgenden nehmen wir die fertige Zeichnung als Grundlage und
können den Nullpunkt bei Bedarf wieder in der gewohnten Weise annehmen.

d) Auswertung des Graphen

Man kann eine Fülle von physikalischen Gesetzmäßigkeiten aus dieser Darstellung ablesen
bzw. bestätigen:

1. Die *Amplitude* zu Beginn, y_0, beträgt 0,49 m; sie ließe sich mit unserem Computerprogramm mit $\eta = 0$ bei $\Delta t = 0,01$ über $h = 2 y_0 = 0,98$ m gewinnen (wie man überhaupt auch
die ungedämpfte Schwingung aufzeichnen könnte). Rechnerisch erhält man sie über die
Energiebilanz $mgh = 1/2 \cdot D \cdot h^2$ zu

$$2 y_0 = h = \frac{2\,mg}{D} = \frac{2 \cdot 0,107 \cdot 9,81}{2,145} = 0,98 \ (m).$$

2. Die maximale Geschwindigkeit beträgt

$$v_{max} = 2,19 \ m/s \quad \text{gemäß} \quad v_{max} = \frac{h}{2} \cdot \sqrt{\frac{D}{m}}$$

oder $v_{max} = 2,20$ m/s über den Rechner bei $\Delta t = 0,01$ s.

3. Die *Periode* (Schwingungsdauer) T beträgt 1,4 s, praktisch aus 10 Schwingungen der
Zeichnung (1,375 s) und theoretisch aus $T = 2\pi \cdot \sqrt{\frac{m}{D}}$ (1,40 s).

4. Die *Halbwertzeit* (d. i. die Zeit, während der eine Amplitude auf die Hälfte ihres An-
fangswertes sinkt:
aus der Zeichnung zu 5,5 s
theoretisch zu $\ln \frac{1}{2} : d = 5,3$ s, wobei $d = \frac{k}{2m}$ der sogenannte *Dämpfungsfaktor* ist mit
$k = 6\pi\eta$, hier also $k = 0,028$ und $d = 0,132$.

5. Der Quotient zweier aufeinanderfolgender Amplituden ist 1,2 (theoretisch
$e^{Td} = e^{1,4 \cdot 0,132} = 1,2$).

6. Bei $\Delta t = 0,01$ ist die Momentangeschwindigkeit z. B. im Wegpunkt $-0,30$ m zu $-2,02$ m/s
meßbar; die theoretisch aus der Energiebilanz herleitbare Geschwindigkeit ist ebenfalls
2,02 m/s:

Potentielle Energie	$E_{pot} = mgh = 0,107 \cdot 9,81 \cdot 0,3 = 0,32$
Spannungsenergie der Feder	$E_s = 1/2 \cdot D \cdot h^2 = 1/2 \cdot 2,15 \cdot 0,3^2 = 0,1$
Kinetische Energie	$E_{kin} = E_{pot} - E_s = 0,22; \ m/2 \ v^2 = 0,22 \ (J)$

$$v = \sqrt{\frac{0,44}{0,107}} = 2,02 \ (m/s).$$

7. Abschließend sei die *Parameterdarstellung* − bezogen auf die Zeitachse in Mittellage −
angegeben:

$$y(t) = y_0 \cdot e^{-dt} \cos \omega t \quad \text{oder} \quad y(t) = 0,49 \cdot e^{-0,132 \cdot t} \cos \frac{2\pi}{1,4} t.$$

Man beachte, daß man die Fehler an einigen Stellen durch die Wahl von $\Delta t = 0{,}01$ statt $0{,}1$ noch geringer halten könnte und daß alle Gesetzmäßigkeiten letztlich nur aus der einen Vorgabe

$$a(t) = g + \frac{R(t)}{m} + \frac{D}{m}\, y(t)$$

nach der früher erklärten allgemeinen *Methode der kleinen Schritte* empirisch bestätigen (oder entdecken) konnte! Die rein mathematische Behandlung des Problems wäre hingegen erst mit den Mitteln der Hochschulmathematik (Differentialgleichung zweiter Ordnung) möglich!

5.3 Satellitenbahnen

a) Physikalische Grundlagen

Wenn zwei Körper mit den Massen M und m den Abstand r voneinander haben, so ziehen sie sich gegenseitig mit einer Kraft des Betrags

$$F = \gamma \cdot \frac{m \cdot M}{r^2} \text{ an, wobei } \gamma = 6{,}67 \cdot 10^{-11}\ m^3\,kg^{-1}\,s^{-2}\,;$$

falls m, M in kg und r in m vorgegeben werden, erhält man F in N.

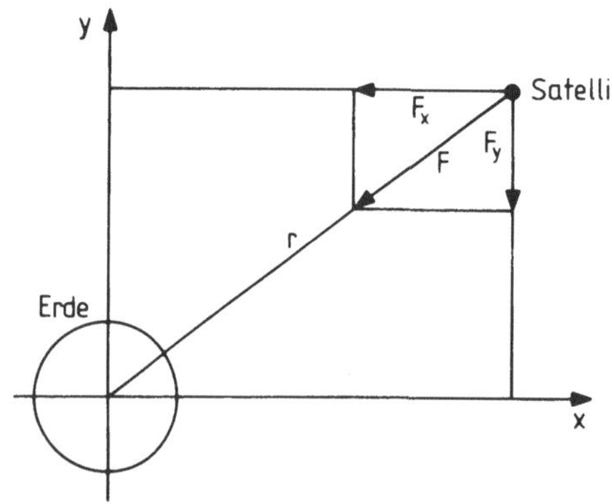

Wir betrachten zunächst den Fall, daß die Erde die Masse M und ein von ihrem Mittelpunkt im Abstand r befindlicher Satellit die Masse m verkörpern. Bezüglich eines rechtwinkligen Koordinatensystems habe der Satellit im Zeitpunkt t die Position $x(t)$, $y(t)$ und die momentanen Geschwindigkeitskomponenten $v_x(t)$, $v_y(t)$ (Richtungsvereinbarung wie in 5.1.2). Die weitere Bewegung des Körpers ist dann wie folgt vorhersehbar: Wir zerlegen die zum Erdmittelpunkt gerichtete Anziehungskraft $\vec{F}$ auch in zwei Komponenten $\vec{F}_x$, $\vec{F}_y$, für deren Beträge infolge ähnlicher Dreiecke der Zusammenhang

$$\frac{F_x}{F} = \frac{x}{r} \quad \text{bzw.} \quad \frac{F_y}{F} = \frac{y}{r}$$

gilt. Aus der Grundgleichung der Mechanik folgt dann für die zugeordneten Beschleunigungs-beträge

$$a_x(t) = \frac{F_x(t)}{m} \quad \text{und} \quad a_y(t) = \frac{F_y(t)}{m}$$

und mit der allgemeinen Gravitationsformel

$$a_x(t) = -\gamma \cdot M \cdot \frac{x(t)}{r(t)^3} \quad \text{bzw.} \quad a_y(t) = -\gamma \cdot M \cdot \frac{y(t)}{r(t)^3}$$

Man beachte, wie das Vorzeichen der beiden Beschleunigungskomponenten a_x und a_y von x und y beeinflußt wird!

Der weitere Verlauf ist aus Abschnitt b) ersichtlich, dessen letzter Teil aus 5.1.2 leicht gekürzt übernommen werden konnte.

b) Allgemeiner Ablaufplan

Anfang des Programms „Satellitenbahn"

Eingabe von x, y, v_x, v_y, Δt, K = $-\gamma$ M

$$\textit{Wiederhole} \quad \left[\begin{array}{l} S \leftarrow (x^2 + y^2)^{3/2} \\[2mm] v_x \leftarrow v_x + x\,\dfrac{K}{S}\,\Delta t; \quad v_y \leftarrow v_y + y\,\dfrac{K}{S}\,\Delta t \\[2mm] \text{(Erster Durchgang mit } \Delta t/2) \\[2mm] x \leftarrow x + v_x \cdot \Delta t; \quad y \leftarrow y + v_y \cdot \Delta t \\[2mm] \text{Ausgabe von x und y} \end{array} \right.$$

$$\textit{bis} \text{ von Hand abgestellt}$$

Ende des Programms

Zunächst wurde nach Pythagoras $x^2 + y^2 = r^2$ ausgenutzt; da sich die Geschwindigkeiten relativ langsam verändern, wurde auf die Ausgabe von korrigierten v_x, v_y verzichtet; man kann die um $\Delta t/2$ versetzten Geschwindigkeiten bei Bedarf im Anschluß an die x, y-Ausgabe manuell von den entsprechenden Speichern abrufen; lohnend ist auch eine Ausgabe von r.

c) BASIC-Übersetzung

```
10: INPUT " X IN MEGAMETER:",X," Y IN MEGAMETER:";Y
20: INPUT " VX IN MEGAMETER/SEC:";P, " VY IN MEGAMETER/SEC:";Q
30: INPUT " ZEITABSCHNITT IN SEC:";T,"MASSE D.PLANETEN IN KG:";M
40: I=1:K=-M*6.67E-29
50: R=√(X*X+Y*Y):S=R*R*R:L=K/S*T
60: R=R*1E3:V=√(P*P+Q*Q)*1E3
70: PRINT USING;I;USING "######";"R=";R;"KM ";USING"###.#";"V=";V;"KM/S"
80: IF I=1LET P=P+X*0.5*L,Q=Q+Y*0.5*L:GOTO 100
90: P=P+X*L:Q=Q+Y*L
100: X=X+P*T:Y=Y+Q*T
110: I=I+1:GOTO 50
```

Erläuterungen zum BASIC-Programm:

In Zeile 30 könnte natürlich auch die Mondmasse eingegeben werden; es ist aber zu bedenken, daß nur der Einfluß *eines* Zentralkörpers im Programm berücksichtigt ist. (Zum Exponenten -29 s. Abschnitt d.). Die Zeilen 60, 70 geben I, R (in km) und $v = \sqrt{v_x^2 + v_y^2}$ (in km/s) so aus, daß sie gerade noch gleichzeitig in der 24 Zeichen breiten Anzeige erscheinen können: 3. R =⌴⌴7002 KM V = ⌴⌴7.5 KM/S

Alternativ könnte man x, y ausgeben lassen, indem man statt 60, 70 die Befehlsfolge 60:PRINT USING;"I=";I;USING "###.=";"⌴⌴X=";X;"⌴⌴Y=";Y einfügt (Grundlage der folgenden graphischen Darstellungen).

d) Testbeispiel in graphischer Darstellung

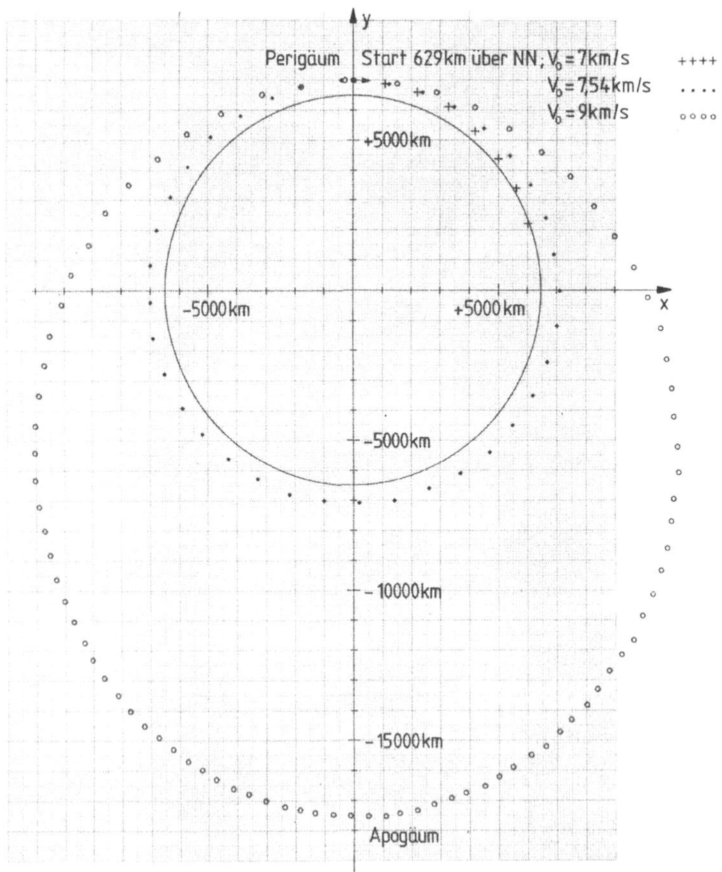

In Anwendung dieses Programms wollen wir einen Satelliten in eine Erdumlaufbahn bringen; damit er nicht sofort durch den Luftwiderstand gebremst wird, nehmen wir an, daß er nach dem senkrechten Start in 629 km Höhe entsprechend 7000 km vom Erdmittelpunkt entfernt in die waagerechte Richtung umschwenkt und dann *Brennschluß* ist. Seine weitere

Bewegung hängt dann nur noch von der Brennschlußgeschwindigkeit ab; für die Fälle $v_0 = 7$ km/s; $v_0 = 7,54$ km/s und $v_0 = 9$ km/s ist die entsprechende Bahn in der folgenden Skizze dargestellt; hierbei wurde $t = 162$ s gesetzt und jeder Wert eingezeichnet. Um bequem auf mm-Papier zeichnen zu können, wurde die Ausgabe von x, y auf eine Nachkommastelle gebracht und γ in der Form $6,67 \cdot 10^{-29}$ eingegeben; dies bewirkt das Maß 10^3 km, falls man entsprechend y zu Beginn mit 7 und v_x mit 0,007 (0,00754; 0,009) belegt (siehe Anhang 1).

e) Auswertung des Graphen

Besonderes Interesse verdient jene Brennschlußgeschwindigkeit, die den Satelliten auf einem Kreis um die Erde laufen läßt; der benutzte Wert stimmt recht genau mit dem theoretisch zu erwartenden überein:

$$m \cdot \frac{2 \cdot \pi}{T} \cdot r = \gamma \frac{m \cdot M}{r^2} \quad \text{bzw.} \quad T = \sqrt{\frac{4 \cdot \pi^2 \cdot r^3}{\gamma M}}$$

liefert in der Besetzung $r = 7 \cdot 10^6$ m; $\gamma = 6,67 \cdot 10^{-11}$ m^3 kg^{-1} s^{-2}; $M = 5,974 \cdot 10^{24}$ kg neben der Umlaufzeit $T = 5829,5$ s nach $v = \frac{2 \cdot \pi}{T} \cdot r$ diesen Wert; die Umlaufzeit stimmt auch gut mit dem aus der Zeichnung ersichtlichen Wert von 36 mal 162 gleich 5832 s überein! (97,2 min.). Das zweite Keplersche Gesetz (Verbindungsstrecke Erdmittelpunkt — Satellit überstreicht in gleiche Zeiten gleiche Flächen) wird ebenfalls überzeugend bestätigt: Perigäum: $0,5 \cdot 15$ mm $\cdot 70$ mm $= 525$ mm^2; Apogäum: $0,5 \cdot 6$ mm $\cdot 175$ mm $= 525$ mm^2 Erst beim dritten Keplerschen Gesetz werden die geringen Ungenauigkeiten von Weg und Zeit infolge der dritten bzw. zweiten Potenz etwas vergrößert:

$$\frac{T^2}{a^3} = \frac{(83 \cdot 162)^2}{(1,25 \cdot 10^7)^3} = 9,3 \cdot 10^{-14} \quad \text{und} \quad \frac{T^2}{a^3} = \frac{(36 \cdot 162)^2}{(7 \cdot 10^6)^3} = 10,1 \cdot 10^{-14}$$

beinhalten eine Abweichung von 6 bzw. 2 % zu der Keplerkonstanten der Erde ($9,9 \cdot 10^{-14}$). Die Umlaufzeit von 225 min. für die elliptische Bahn ist wieder auf etwa 1 % genau; wenn Sie übrigens die Kreisbahn als *Parkbahn* für eine Mondlandung benutzen wollen, müssen Sie nur die Geschwindigkeit im Perigäum schlagartig um etwa 3 km/s erhöhen (siehe Anhang 2).

Größere Genauigkeit erzielt man dadurch, daß man über den Schleifenzähler I nur jedes zweite oder zehnte Wertepaar (x, y) ausgeben läßt (bei klein gewähltem T). Infolge des Zeitaufwandes empfiehlt sich dann die Benutzung des Druckers.

5.4 Zweikörperproblem der Gravitation

a) Physikalische Grundlagen

Wir sagten in 5.3, daß sich Erde und Satellit wechselseitig anzögen, konnten aber wegen des Massenverhältnisses von etwa $10^{21} : 1$ davon ausgehen, daß der Satellit keinen Einfluß auf die Bewegung der Erde nehmen konnte. Das ändert sich schon bei dem Paar Erde-Mond, wo das Massenverhältnis von der Größenordnung $100 : 1$ ist und eine Bewegung um den gemeinsamen Schwerpunkt stattfindet, der allerdings noch im Innern der Erde liegt; wenn die Massen der beteiligten Körper gar von derselben Größenordnung sind wie es z. B. bei Doppelsternen öfter vorkommt, können wir das obige Programm nicht mehr verwenden.

Das Prinzip der ungestörten Überlagerung von Bewegungen erlaubt uns jedoch, das Programm so zu erweitern, daß es — mit vertauschten Rollen für M und m — zweifach genutzt werden kann; im einzelnen ist damit folgendes gemeint:

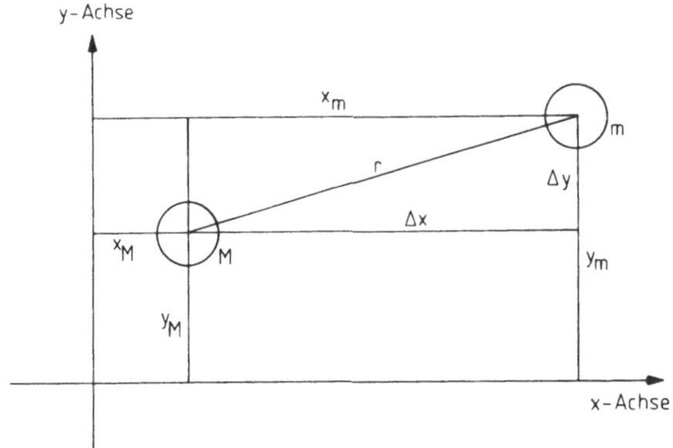

Zu einer bestimmten Zeit mögen die beiden Körper die skizzierte Lage einnehmen; ähnlich wie früher ist die Beschleunigung von m in Richtung der x-Achse durch den Ausdruck

$$a_{mx} = \frac{-\gamma \cdot M}{r^3} \cdot (x_m - x_M)$$

gegeben und für eine hinreichend kurze Zeitspanne als konstant anzusehen. Nun betrachten wir isoliert davon den Einfluß von m auf M und erhalten

$$a_{Mx} = \frac{-\gamma \cdot m}{r^3} \cdot (x_M - x_m)$$

Weil sich die Differenzen in den Klammern nur durch die Vorzeichen unterscheiden, belege ich einen Speicher namens Δx mit $x_M - x_m$ und analog Δy mit $y_M - y_m$ und schaffe $(\Delta x^2 + \Delta y^2)^{3/2}$ auf S und erhalte so

$$a_{mx} \leftarrow \frac{K}{S} \Delta x \qquad a_{my} \leftarrow \frac{K}{S} \Delta y$$

$$a_{Mx} \leftarrow \frac{k}{S} \Delta x \qquad a_{My} \leftarrow \frac{k}{S} \Delta y$$

wobei K mit γM und k mit $-\gamma m$ zu belegen ist.

Entsprechend erhält man insgesamt vier Komponenten für die Momentangeschwindigkeiten und vier Komponenten für die Ortskoordinaten der beiden Körper, der vollständige Programmablauf sieht dann so aus:

b) Allgemeiner Ablaufplan

Anfang des Programms *Zweikörperbewegung*

Eingabe von x_M, y_M, x_m, y_m, v_{xM}, v_{yM}, v_{xm}, v_{ym}, $K = \gamma M$, $k = -\gamma m$, Δt

$$\textit{Wiederhole} \left[\begin{array}{l} \Delta x \leftarrow x_M - x_m \,;\; \Delta y \leftarrow y_M - y_m \\[6pt] S \leftarrow (\Delta x^2 + \Delta y^2)^{3/2} \\[6pt] v_{xm} \leftarrow v_{xm} + \dfrac{K}{S} \cdot \Delta x \cdot \Delta t;\; x_m \leftarrow x_m + v_{xm} \cdot \Delta t \\[6pt] v_{ym} \leftarrow v_{ym} + \dfrac{K}{S} \cdot \Delta y \cdot \Delta t;\; y_m \leftarrow y_m + v_{ym} \cdot \Delta t \\[6pt] v_{xM} \leftarrow v_{xM} + \dfrac{k}{S} \cdot \Delta x \cdot \Delta t;\; x_M \leftarrow x_M + v_{xM} \cdot \Delta t \\[6pt] v_{yM} \leftarrow v_{yM} + \dfrac{k}{S} \cdot \Delta y \cdot \Delta t;\; y_M \leftarrow y_M + v_{yM} \cdot \Delta t \\[6pt] \textit{Ausgabe von } x_M, y_M, x_m, y_m \end{array} \right.$$

bis von Hand abgestellt

Ende des Programms *Zweikörperbewegung*

Erläuterungen zum allgemeinen Ablaufplan:

Da ohnehin viel auszugeben ist, wurde auf die Erfassung der korrigierten Geschwindigkeiten verzichtet. In den unten folgenden graphischen Darstellungen gibt der Abstand zwischen zwei Wegpunktten einen Hinweis auf die mittlere resultierende Geschwindigkeit im Zeitabschnitt Δt. (Der linke Wiederholungsblock muß anfangs mit wieder mit $\Delta t/2$ durchlaufen werden!)

c) BASIC-Übersetzung

```
 10:INPUT "⌴X⌴GROSSM:⌴⌴";A,"Y GROSSM:⌴⌴";B,
   :"⌴X⌴KL.M:⌴⌴";X,"⌴Y KL.M:⌴⌴";Y
 20:INPUT "⌴VX⌴GROSSM:⌴⌴";U,"⌴VY⌴GROSSM:⌴⌴";V,
   "⌴VX⌴KL.M⌴⌴";P,"⌴VY KL.M:⌴⌴";Q
 30:INPUT "⌴MASSE⌴GROSS⌴M:⌴⌴";M,"⌴MASSE⌴KLEIN⌴M:⌴⌴";N,"ZEIT:⌴⌴";T

 40:I=1:K=M*6.67E-29:C=-N*6.67E-29
 50:T=T/2:GOSUB "GESCHWINDIGKEITEN":T=2*T
 60:GOSUB "STANDORTE"
 70:GOSUB "GESCHWINDIGKEITEN"
 80:I=I+1:GOTO 60

 90:"GESCHWINDIGKEITEN"D=A-X:E=B-Y:R=√(D*D+E*E)
   :S=R*R*R:L=K/S*T:W=C/S*T
100:P=P+L*D:Q=Q+L*E:U=U+W*D:V=V+W*E:RETURN
110:"STANDORTE"X=X+P*T:Y=Y+Q*T:A=A+U*T:B=B+V*T
120:PRINT USING;I;USING "####.#";"⌴A=";A;"⌴⌴⌴⌴B=";B
   :PRINT" X=";X;"⌴⌴⌴⌴⌴⌴Y=";Y:RETURN
```

Erläuterungen zum BASIC-Programm:

Wie beginnen mit einer Speicherübersicht:

allgemeiner Plan	x_M	y_M	x_m	y_m	v_{xM}	v_{yM}	v_{xm}	v_{ym}	x	y	k
BASIC-Programm	A	B	X	Y	U	V	P	Q	D	E	C

Der Ablauf ist in drei Teile gegliedert. Die Eingabe sieht kompliziert aus, vereinfacht aber
den Ablauf. Wie man aus Zeile 40 ersieht sind die Maße Mm (Megameter) und s (Sekunde)
vorausgesetzt. In Zeile 50 wird der einmalige Startlauf mit halber Zeit arrangiert. Der Rest
des mittleren Programmteils, also Zeile 60 bis 80, stellt das Hauptprogramm dar; der letzte
Teil umfaßt zwei Unterprogramme zur Ermittlung der jeweils neuen Geschwindigkeiten
und Positionen.

d) Testbeispiele mit graphischer Auswertung

Beispiel I

$x_M = -50$	$v_{xM} = 0$	$K = 0,0003984658$
$y_M = 0$	$v_{yM} = -0,0002$	$k = -0,0001328219$
$x_m = 150$	$v_{xm} = 0$	$\Delta t = 2000$
$y_m = 0$	$v_{ym} = 0,0006$	

(Zusatz: 115 : IF I/5−INT (I/5) <> 0 RETURN   d. h. nur jeder 5. Wert wird ausgedruckt)

Die Längen sind dabei auf das Maß 10^3 km bezogen und die Zeit in Sekunden gemessen
(γ mit $6,67 \cdot 10^{-29}$ eingesetzt). Für M wurde die Erdmasse gewählt und m = 1/3 M gesetzt.

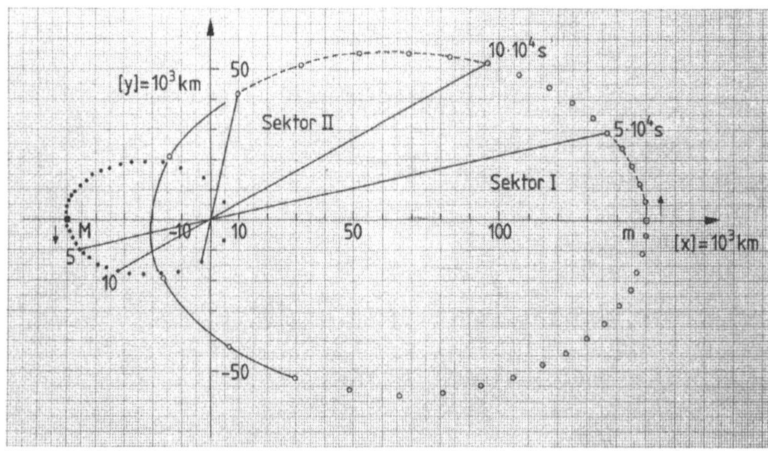

Die graphische Darstellung zeigt zwei typische Ellipsen mit dem Schwerpunkt als gemeinsamen Brennpunkt (Hebelgesetz!). Weil der vektorielle Gesamtimpuls zu Beginn der Bewegung Null ist, bleibt die Lage des Schwerpunkts unverändert, was man äußerst exakt bestätigt findet, wenn man zu einer bestimmten Zeit die Positionen von M und m durch eine
Strecke verbindet. Auch das zweite Keplersche Gesetz ist deutlich erkennbar, man kann es

z. B. dadurch überprüfen, daß man die Sektoren I und II auf Pappe durchpaust, dort ausschneidet und auf eine Waage legt!

Beispiel II

Wie I, bis auf $v_{yM} = -0,0004074446$ und $v_{ym} = 0,0012223338$. Mit diesen Startwerten erhält man zwei konzentrische Kreise!

Überlegung: Gravitationskraft gleich Fliehkraft, d. h. bei einer Kreisbahn

$$\gamma \cdot \frac{m\,M}{r^2} = m \cdot \frac{v^2}{r_1} \Rightarrow v = \sqrt{\frac{\gamma \cdot M \cdot r_1}{r^2}} \; ; \; r_1 \text{ meint den Abstand von m zum Schwerpunkt.}$$

Ähnlich erhält man die Bahnen von Erde und Mond um den gemeinsamen Schwerpunkt, wenn man $x_M = -4,945$; $x_m = 402,055$; $v_{yM} = 0,000012$ und $v_{ym} = -0,000977$ setzt (siehe Anhang).

Beispiel III

$x_M = -50$	$v_{xM} = 0$	$K = 0,0003984658$
$y_M = 0$	$v_{yM} = 0,0005$	$k = -0,0001328219$
$x_m = 50$	$v_{xm} = 0$	$\Delta t = 1000$
$y_m = 0$	$v_{ym} = 0,0015$	

(Ähnlich wie oben wurde nur jeder 10. Wert ausgedruckt)

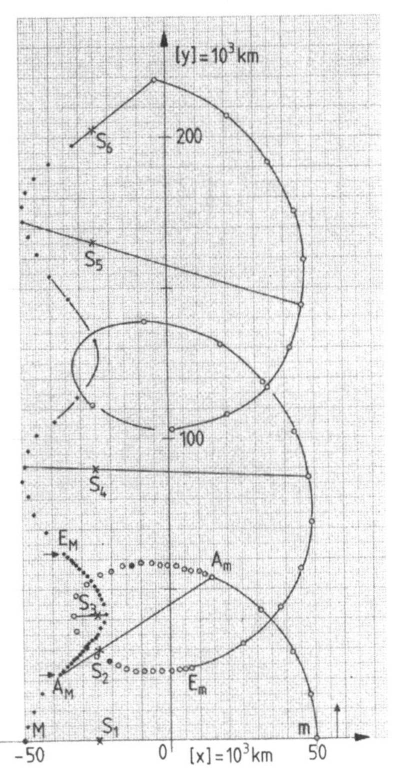

Die Bahnkurve der kleineren Masse m nennt man *Trochoide.* Zwischen den Punkten A_m und E_m — entsprechend A und E der anderen Bahn — wurde zwecks größerer Genauigkeit alle Tausend Sekunden ausgedruckt und entsprechend eingezeichnet.

Weil der Gesamtimpuls diesmal nicht Null ist, ändert sich die Lage des Schwerpunktes; weil keine äußeren Kräfte vorhanden sind, bewegt sich der Schwerpunkt geradlinig mit konstanter Geschwindigkeit, was man mit großer Präzision z. B. durch $S_1 S_2$ = 90 LE (12 ZE); $S_4 S_5$ = 75 LE (10 ZE); $S_5 S_6$ = 37,5 LE (5 ZE) bestätigt findet. Die Geschwindigkeit des Schwerpunktes von 75 LE/10 ZE = 75000 km/100000 s = 750 m/s erhält man auch theoretisch als Quotient von Gesamtimpuls und Gesamtmasse, etwa zur Zeit t = 0:

$$\frac{5,974 \cdot 10^{24} \text{ kg} \cdot 500 \text{ m/s} + 1/3 \cdot 5,974 \cdot 10^{24} \text{ kg} \cdot 1500 \text{ m/s}}{4/3 \cdot 5,974 \cdot 10^{24} \text{ kg}} = 750 \text{ m/s}.$$

6 Simulationen aus Biologie und Ökologie

6.1 Grenzen natürlichen Wachstums

6.1.1 Kampf um gemeinsame Nahrungsquellen

a) Problemstellung

Wir betrachten eine Tierpopulation x_k zu einem bestimmten Zeitpunkt k. Im Idealfall stünden den x_k Tieren unbegrenzt Raum und Nahrung zur Verfügung. Wenn es außerdem keine Feinde gäbe, würde sich nach einer gewissen Zeit Δt der Bestand auf

$$x_{k+1} = x_k + q \cdot x_k = (1 + q) \cdot x_k = \lambda x_k$$

vergrößert haben. Die Konstante q und damit auch der sog. Wachstumsfaktor λ hängt nur von *Fertilität* und *Mortalität* (Geburts- und Sterberate) der jeweiligen Tierart ab. Wegen $x_{k+2} = \lambda \cdot x_{k+1} = \lambda^2 \cdot x_k$ usw. gelangt man zu

$$x_{k+n} = \lambda^n \cdot x_k \quad \text{oder einfacher} \quad x_n = \lambda^n \cdot x_0$$

(k = 0) und spricht deshalb vom *exponentiellen Wachstum.* In Wirklichkeit gibt es so etwas nur in Form von Bakterienkulturen im Labor für einen kurzen Zeitraum, weil in der Natur Raum und Nahrung nur beschränkt vorhanden sind und stets mehrere Tierarten um eine gemeinsame Nahrungsquelle konkurrieren. Außerdem stellt (fast) jede Tierart eine Beute für andere Tierarten dar.

Wir wollen uns zunächst mit dem ersten Fall beschäftigen und annehmen, daß zwei Tierarten zum Zeitpunkt k die Bestände x_k und y_k aufweisen und in einem bestimmten Raum auf ein begrenztes Nahrungsangebot angewiesen sind. Nach anfangs exponentiellem Wachstum der Tierpopulationen wird die Nahrung schnell knapp, weil die pro Zeiteinheit vertilgte Nahrungsquote bald die natürliche Regenerierung (z.B. das Nachwachsen der Pflanzen) über trifft. Daraus ergibt sich eine Verminderung des o. a. Faktors q, die sich folgendermaßen darstellen läßt

$$x_{k+1} = x_k + x_k \cdot (q - a_1 \cdot x_k - b_1 \cdot y_k) \quad \text{und}$$

$$y_{k+1} = y_k + y_k \cdot (p - a_2 \cdot x_k - b_2 \cdot y_k)$$

q und p sind also die tierspezifischen exponentiellen Wachstumsraten; die Faktoren a_1, a_2, b_1, b_2 unterstellen, daß die Nahrung und damit die Vermehrung proportional zur Anzahl der Individuen beider Tierpopulationen zurückgeht. Biologen haben Erfahrungswerte für die 6 Konstanten herausgefunden, so daß man die Veränderungen der Bestände x_k, y_k in Abhängigkeit von der Zeit Δt durchrechnen kann.

b) Allgemeiner Ablaufplan

Anfang des Programms *Kampf um Nahrung*

Eingabe von x, y, q, p, a_1, b_1, a_2, b_2

$$\textit{Wiederhole} \begin{bmatrix} S \leftarrow x\,(1 + q - a_1 \cdot x - b_1 \cdot y) \\ y \leftarrow y\,(1 + p - a_2 \cdot x - b_2 \cdot y) \\ x \leftarrow S;\ \textit{Ausgabe von x und y} \end{bmatrix}$$

bis von Hand abgestellt

Ende des Programms *Kampf um Nahrung*

Erläuterungen:

Die mathematische Formulierung mit Indizes wird hier zur Zuweisung innerhalb einer Schleife vereinfacht. Es wird noch ein Hilfsspeicher S nötig, weil in der zweiten Zeile das alte x gebraucht wird.

c) BASIC-Übersetzung

```
10:INPUT " X0=";X,"Y0=";Y
20:INPUT "EXP.VERMEHRUNG VON X:";Q, "EXP.VERMEHRUNG VON Y:";P
30:INPUT "WECHSELWIRKUNGEN ABCD:",A," B=",B," C=",C," D=",D
40:I=1:USING "########"
50:S=X*(1+Q-A*X-B*Y)
60:Y=Y*(1+P-C*X-D*Y)
70:X=S:PAUSE "X=";X;" Y=";Y
80:I=I+1:GOTO 50
```

Erläuterungen:

Die Speichernamen konnten weitgehend übernommen werden, es mußte nur A, B, C, D statt a_1, b_1, a_2, b_2 getippt werden. Außerdem wurde ein Schleifenzähler I eingebaut.

d) Testbeispiele

(Zeile 70 für Drucker abgeändert)

1. Fall

q = p = 0,8

a = 0,0001   b = 0,00011

c = 0,00012   d = 0,00013

0.X 1000 Y 1000	23.X 7576 Y 309
1.X 1590 Y 1550	24.X 7639 Y 263
2.X 2338 Y 2181	25.X 7693 Y 223
3.X 3100 Y 2696	...
4.X 3700 Y 2905	33.X 7920 Y 57
...	34.X 7932 Y 48
13.X 6221 Y 1314	35.X 7943 Y 41
14.X 6428 Y 1160	...
15.X 6618 Y 1018	51.X 7996 Y 2
...	52.X 7997 Y 2
	53.X 7997 Y 1

	2. Fall	3. Fall

q = 0,8 p = 0,5 a = 0,0001   q = 0,5 p = 0,8 a = 0,0001   q = 0,8 p = 0,9 a = b = 0,0003
b = 0,00011; c = 0,00012   b = 0,00011 c = 0,00012   c = 0,0002 d = 0,0005
d = 0,00013   d = 0,00013

2. Fall		3. Fall
0.X 1000 Y 1000	0.X 1000 Y 1000	0.X 1000 Y 1000
1.X 1590 Y 1250	1.X 1290 Y 1550	1.X 1200 Y 1200
2.X 2390 Y 1433	2.X 1548 Y 2237	2.X 1296 Y 1272
3.X 3354 Y 1471	3.X 1701 Y 2961	3.X 1334 Y 1278
4.X 4369 Y 1333	4.X 1708 Y 3585	4.X 1356 Y 1270
5.X 5315 Y 1069	...	...
...	21.X 108 Y 6024	29.X 1443 Y 1222
10.X 7725 Y 108	22.X 89 Y 6047	30.X 1444 Y 1222
11.X 7844 Y 60	23.X 74 Y 6065	31.X 1444 Y 1222
12.X 7914 Y 33	..	32.X 1444 Y 1222
13.X 7952 Y 18	38.X 4 Y 6149	
14.X 7974 Y 9	39.X 3 Y 6149	
15.X 7986 Y 5	40.X 2 Y 6150	
16.X 7992 Y 2	41.X 2 Y 6151	
17.X 7995 Y 1	42.X 1 Y 6151	

Interpretation der Ergebnisse:

Trotz gleicher Ausgangspopulationen und gleicher Fruchtbarkeitsrate genügen die geringfügigen Unterschiede in den Wechselwirkungskonstanten, um eine der Arten im Laufe der Zeit aussterben zu lassen (Fall 1). Diese Tendenz beschleunigt sich noch, wenn unterschiedliche Fertilitäten hinzukommen (Fall 2). Dabei kann sich die Entwicklung auch umkehren; insgesamt gesehen haben wir äußerst instabile Verhältnisse und nur bei ganz bestimmten Konstellationen der sechs beteiligten Variablen — die sich in der Praxis kaum längere Zeit halten dürften — beobachtet man auch einmal eine friedliche Koexistenz (Fall 3).

Den Biologen sind diese Vorgänge unter der Bezeichnung *Volterrasches Exklusionsprinzip* schon länger bekannt. (s. Anhang)

6.1.2 Populationsentwicklung im Räuber-Beute-System

a) Problemstellung

In einem abgeschlossenen Teich gebe es nur zwei Sorten Fische, nämlich Hechte (Räuber) und Weißfische (Beute). Wir wollen annehmen, daß den Weißfischen genug Nahrung zur Verfügung steht (Kleinfische, Wassertierchen, Pflanzenreste) und daß sie ihrerseits die Hauptnahrung der Hechte darstellen. Weiter nehmen wir an, daß sich die Weißfische in einem bestimmten Zeitraum um 30 % vermehren würden, wenn sie nicht durch die Hechte dezimiert würden und der Bestand der Hechte in eben jenem Zeitraum um 20 % zurückgehen würde infolge Nahrungsmangels, wenn sie keine Weißfische erbeuten könnten. Die Anzahl der Begegnungen Hecht/Weißfisch wächst proportional mit dem Produkt ihrer Bestände R · B, und ein bestimmter Bruchteil dieser Begegnungen verläuft erfolgreich für den Hecht, was wiederum bedeutet, daß die Populationszunahme bei den Hechten (2. Summand der 2. Gleichung) auch proportional zu R · B verläuft; man gelangt so zu den Lotka-Volterra-Gleichungen

$$B_{k+1} = 1,3 \cdot B_k - d \cdot R_k \cdot B_k$$
$$R_{k+1} = 0,8 \cdot R_k + c \cdot R_k \cdot B_k$$

hierbei sind die Proportionalitätsfaktoren d und c ebenso wie die bereits angegebenen Faktoren von B_k und R_k von dem betrachteten Zeitraum und einer Reihe biologischer Umstände abhängig. Der Index k kennzeichnet den Bestand am Anfang, der Index k + 1 den Bestand am Ende des vorgegebenen Zeitraums; für d und c wählen wir die „Erfahrungswerte" 2 % und 1 ‰. Als Startwerte nehmen wir R_0 = 12 Hechte und B_0 = 200 Weißfische, in unserem Programmablaufplan verwenden wir natürlich Speicher anstelle dieser speziellen Parameter.

b) Allgemeiner Ablaufplan

Anfang des Programms *Populationsentwicklung im Räuber-Beute-System*
Eingabe B, R, q, p, d, c,

$$\textit{Wiederhole} \begin{bmatrix} S \leftarrow q \cdot B - d \cdot B \cdot R \\ R \leftarrow p \cdot R + c \cdot B \cdot R \\ B \leftarrow S \\ \textit{Ausgabe von B und R} \end{bmatrix}$$

bis von Hand abgestellt

Ende des Programms *Populationsentwicklung im Räuber-Beute-System*

c) Testbeispiel in graphischer Darstellung

Die Übersetzung soll wegen ihrer Einfachheit unterbleiben, Ausgangsdaten siehe oben.

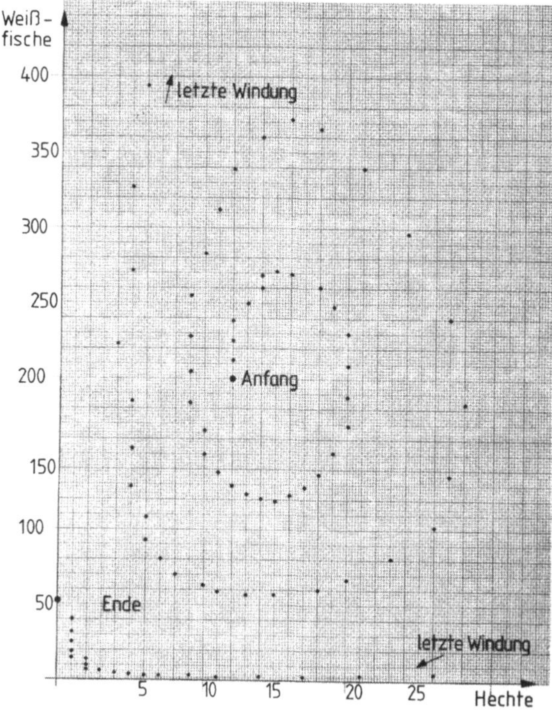

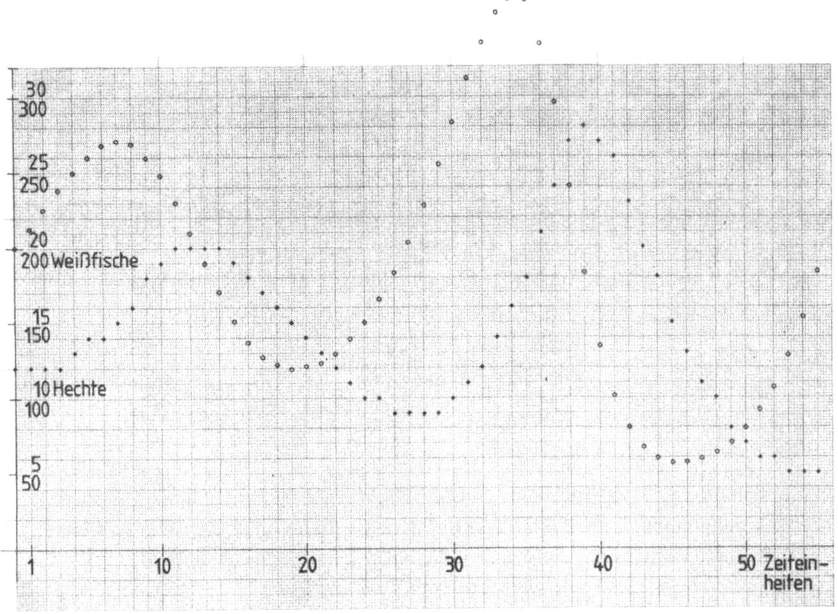

Erläuterungen:

Im ersten Bild wurde jedem Paar R, B ein Punkt im Achsenkreuz zugeordnet; die allmählich größer werdende Spirale kann so gedeutet werden, daß zu einem bestimmten Zeitpunkt
eine Achse erreicht wird, was ein Aussterben der auf der anderen Achse gemessenen Tierart bedeutet. In unserem Fall könnten das theoretisch die Hechte sein, weil die zur letzten
Windung gehörende Tabelle nach einer gefährlichen Situation für die Weißfische
(... R/B = ...17/2; 14/2; 11/2; 9/3; ... 5/4; ... 3/6; 2/7; ...) die Hechte doch noch an Nah-
rungsmangel zugrunde gehen läßt (... 1/40; 0/52). Praktisch könnten natürlich die Weißfische noch schnell vorher aussterben, weil unserem Modell statistische Werte zugrunde
lagen, die eine gewisse Mindestzahl von Individuen voraussetzen; die restlichen zwei Weißfische könnten hingegen zufällig erwischt werden!

In der zweiten Darstellung sind beide Populationen getrennt über der Zeitachse aufgetragen;
jetzt werden die periodischen Schwankungen der Tierbestände deutlicher; interessant ist
auch die *Phasenverschiebung* zwischen den beiden Kurven, sie kann so interpretiert werden,
daß die Räuberpopulation ihren stärksten Anstieg (Abfall) erlebt, wenn die Beutepopula-
tion gerade ein lokales Maximum (Minimum) aufweist.

Durch leicht veränderte Eingangsdaten kann man erreichen, daß sich anstelle der Spirale
eine Art Ellipse bildet bzw. die Amplituden konstant werden, dies bedeutet, daß beide
Tierarten — von den periodischen Schwankungen abgesehen — sich für längere Zeit stabili-
sieren. Es gibt sogar einen Fall, wo sich die Anfangsbestände überhaupt nicht verändern,
d. h. für jede Art Sterbe- und Geburtsrate im betrachteten Zeitintervall gleich sind (siehe
Anhang).

6.1.3 Selbstvergiftung durch Umweltverschmutzung

a) Problemstellung

Die Beseitigung des immer mehr anwachsenden Zivilisationsmülls stellt die Industrienationen
vor große Probleme. Die Ursachen sind vielseitig verflochten; einen wesentlichen Aspekt
kann man isolieren und unter vereinfachten Laborbedingungen betrachten; als Standard-
beispiel können Wasserflöhe im Aquarium dienen. Wir nehmen an, daß zu einem bestimmten Zeitpunkt k x_k Exemplare dieser Spezies auf das frische Wasser gesetzt und mit ge-
nügend Nahrung versehen wurden. Die anfangs exponentielle Vermehrung q findet rasch
ein Ende, weil sich die Individuen auf begrenztem Raum gegenseitig behindern und Stoff-
wechselprodukte erzeugen, die sich im Wasser ansammeln und es langsam vergiften. An
Stelle von

$$x_{k+1} = x_k + q \cdot x_k$$

beschreibt

$$x_{k+1} = x_k + (q - a \cdot U_k) \cdot x_k$$

die zeitliche Veränderung der Population, wobei der Umweltverschmutzung U_k eine ge-
eignete Konstante a voranzustellen ist. Man kann davon ausgehen, daß sich U_k ihrerseits
proportional zur jeweils vorhandenen Bevölkerungsgröße x_k aufsummiert, also

$$U_{k+1} = U_k + b \cdot x_k$$

Vor diesem Hintergrund wird das folgende kleine Basicprogramm verständlich.

b) BASIC-Programm

```
10:INPUT "ANFANGSBESTAND X 0=";X
20:INPUT "EXP.VERMEHRUNG=";Q
30:INPUT " ANFANGSBESTAND U 0=";U
40:INPUT " KONSTANTEN A, B:";A," B=";B
50:I=0
60:PAUSE USING;I;USING "#######";X
70:X=X+(Q-A*U)*X
80:U=U+B*X
90:I=I+1:GOTO 60
```

c) Testbeispiele

```
0.        20       13.       111       24.        46      36.         3
1.        24       14.       115       25.        38      37.         3
2.        28       15.       115       26.        31      38.         2
3.        34       16.       113       27.        26      39.         2
4.        40       17.       109                                      1
5.        47
```

Erläuterungen:

Nach Eingabe von $x_0 = 20$, $q = 0{,}2$, $U_0 = 0$, $a = 0{,}01$ und $b = 0{,}02$ ergibt sich zunächst
ein Ansteigen der Population bis zum 14. und 15. Zeitabschnitt, dann ein ständiger Rückgang, bis schließlich bei I = 39 nur noch ein Exemplar übrig bleibt. Ist der Rückgang einmal eingetreten, kann man die verhängnisvolle Tendenz nur noch dadurch abwenden, daß
zeitweilig b negativ wird, also U_k abgebaut wird.

6.2 Eingriffe in ökologische Systeme

6.2.1 Schädlingsbekämpfung durch Aussetzen steriler Männchen

a) Problemstellung

Früher pflegte man Pflanzenkulturen, die durch bestimmte Insektenarten bedroht waren, einfach mit DDT oder vergleichbaren Giften zu besprühen. Seitdem bekannt wurde, daß damit zugleich viele nützliche Kleintiere ausgerottet wurden und darüber hinaus die Menschen durch Nahrungsmittelrückstände ernsthaft gefährdet sind, sucht man gezieltere Methoden zur Ausmerzung der Schädlinge. Eine davon soll hier kurz in Anlehnung an [4] skizziert werden; ihr Erfolg beruht auf der folgenden, stark vereinfachten Modellvorstellung. Wir betrachten wieder den Übergang von x_k nach x_{k+1} und meinen mit x_k diesmal die Anzahl der zeugungsfähigen Männchen einer Insektengeneration. Es mögen gleichviel Männchen und Weibchen vorhanden sein. Wenn man nun jeder Generation eine konstante Menge C von sterilen Männchen zusetzt, die sich sonst nicht von den natürlichen Männchen unterscheiden und sich gleichmäßig mit der ganzen Population vermischen, so ist die Wahrscheinlichkeit für eine fruchtbare Paarung durch den Quotient $x_k/x_k + C$ gegeben. N sei nun die mittlere Anzahl von Nachkommen eines fruchtbaren Pärchens, dann gilt für die nächste Generation x_{k+1} zeugungsfähiger Männchen die Beziehung

$$x_{k+1} = \frac{1}{2} \cdot N \cdot \frac{x_k}{x_k + C} \cdot x_k \qquad \text{wenn gleichviel Männchen und Weibchen geboren werden.}$$

b) BASIC-Programm

```
10:INPUT " ANFANGSBESTAND X0=";X
20:INPUT "MITTLERE NACHKOMMEN N=";N
30:INPUT "STERILZUSATZ(% VON X)=";P
40:C=P/100*X:I=0
50:PAUSE USING;I;USING "########";X
60:X=0.5*N*X*X/(X+C)
70:I=I+1:GOTO 50
```

c) Testbeispiele $x_0 = 10^6$ $N = 2,1$ $p = 8\%$ $x_0 = 10^6$ $N = 2,1$ $p = 24\%$

	$x_0 = 10^6$, $N = 2,1$, $p = 8\%$		$x_0 = 10^6$, $N = 2,1$, $p = 24\%$
0.	1000000	0.	1000000
1.	972222	1.	846774
2.	943219	2.	692763
3.	912948	3.	540241
4.	881363	4.	392768
		5.	255986
16.	388409	6.	138724
17.	338176	7.	53354
18.	287154	8.	10189
19.	235815	9.	435
		10.	0
23.	49585		
24.	19922		
25.	4170		
26.	216		
27.	0		

Weitere Beispiele belegen die auch theoretisch herleitbare Voraussetzung für die Vernichtung der Schädlinge: $P/100 = C/x_0 > N/2 - 1$.

6.2.2 Gefahren der Überfischung

Großbritannien und Dänemark stritten sich 1983 um die Fischfangquoten des Küstenbereichs. Warum versucht man Nationen darauf festzulegen, jährlich z. B. nicht mehr als 40000 t Heringe zu vermarkten? Eine Antwort auf diese und andere Fragen kann man der *Pearl-Verhulstschen* Differenzengleichung $\quad x_{k+1} = x_k + q\,(1 - x_k/x_{max}) \cdot x_k - R_k$ entnehmen. Hierin bedeuten x_k, x_{k+1} die Bestände einer bestimmten Fischsorte zu zwei benachbarten Zeitpunkten in einem bestimmten Fanggebiet und q die zugehörige exponentielle Wachstumsrate, die natürlich korrigiert werden muß. Der Korrektionsfaktor enthält ein x_{max}, womit jene Populationsgröße bezeichnet wird, auf die die Fischart angesichts des begrenzten Raumes und der vorgegebenen Nahrungsmöglichkeiten maximal anwachsen könnte. Wenn die Fangquote R_k (gemessen in Individuen) nicht wäre, würde sich die Population tatsächlich langsam diesem Endzustand nähern; bei $R_k \neq 0$ wird der Ablauf komplizierter. Mit Hilfe des folgenden BASIC-Programms können wir ihn simulieren.

b) BASIC-Programm

```
 10:INPUT " X-MAX = ";M
 20:INPUT " XO=";X
 30:INPUT " EXP.WACHSTUMSRATE=";Q
 40:INPUT "FANGQUOTE IN % VON X:";P
 50:INPUT "GLEITENDE QUOTE? ";S$
 60:I=0:C=P/100:R=C*X
 70:I=I+1:IF S$="JA"LET R=C*X
 80:X=X+Q*(1-X/M)*X-R
 90:IF X>1PAUSE USING ;I;USING "##########";X:GOTO 70
100:PRINT " TIERART AUSGESTORBEN !"
```

Erläuterungen:

In Zeile 50 wird die Weiche von Zeile 70 gestellt, man kann also wählen, ob man mit fester Fangrate $R_k = c\,x_0$ arbeiten möchte oder mit einer zur aktuellen Populationsgröße proportional anwachsen der Quote $R_k = c\,x_k$.

c) Testbeispiele

Fall 1		Fall 2		Fall 3		Fall 4	
1.	5490	1.	5700	1.	5700	1.	5850
2.	5002	2.	5413	2.	5436	2.	5714
3.	4529	3.	5138	3.	5202	3.	5592
4.	4066	4.	4872	4.	4994	4.	5480
5.	3606	5.	4613	5.	4807	5.	5379
6.	3144	6.	4358				
7.	2675	7.	4106	271.	2001	15.	4719
8.	2193	8.	3856	272.	2001	16.	4677
9.	1692	9.	3606	273.	2001	17.	4637
10.	1165						
11.	605	15.	2010	286.	2000	125.	4002
12.	1	16.	1711	287.	2000	126.	4002
		17.	1395	288.	2000	127.	4001
		18.	1060				
		19.	702			139.	4001
		20.	316			140.	4000
		21.	0.			141.	4000
						142.	4000

Erläuterungen:

Wir unterstellen, daß die Heringsbestände der Nordsee unter den eingangs erwähnten Bedingungen auf x_{max} = 8000 Megatonnen anwachsen könnten (M = 8000) und wählen x_0 = 6000 (Ohne Anspruch, damit die tatsächlichen Verhältnisse wiederzugeben; ein derartiges Modell müßte viele weitere Parameter wie z. B. die Wechselwirkung mit den anderen Fischarten, die Umweltverschmutzung der Küstenzonen usw. berücksichtigen!) Die exponentielle Wachstumsrate wird mit q = 0,1 angenommen.

1. Fall: Eine feste Fangrate von 11 %

Wie vorauszusehen, sind die Bestände nach 11 Jahren vernichtet; ein krasser Fall von Überfischung.

2. Fall: Wir bleiben mit P = 7,5 % deutlich unter der prozentualen Entsprechung von q. Wenn wir mit fester Quote R fangen, sind die Bestände nach 20 Jahren trotzdem verbraucht.

3. Fall: Wie 2. Fall, aber mit gleitender Fangrate. Dies ist noch biologisch verantwortbar, weil die Population sich offenbar auf 2000 Mt stabilisiert.

4. Fall: Man begnügt sich mit 5 % gleitender Fangquote. Das Ergebnis ist besser als im 3. Fall, weil außer erhöhter gleichbleibender Population die Ausbeute besser ist (5 % von 4000 Mt = 200 Mt; 7,5 % von 2000 Mt = 150 Mt). Man kann zeigen, daß der 4. Fall unter den gegebenen Umständen der optimale ist (siehe Anhang).

6.3 Ausbreitung einer Epidemie

a) Problemstellung

In einer Kleinstadt mit 10000 Einwohnern sind einige Fälle von Masern aufgetreten. Welche Umstände spielen bei der Ausbreitung dieser Krankheit eine Rolle und wie verhindert man eine Epidemie?

Natürlich müssen wir uns hier wieder mit stark vereinfachten Überlegungen zufrieden geben, wozu wir das sog. Dreiklassenmodell heranziehen. Jeder der Einwohner — von Fremden wollen wir absehen — läßt sich demnach genau einer der Klassen L, E, I zuordnen. In der Klasse L sind die Labilen zusammengefaßt. Das sind Menschen, die zwar gesund sind, aber angesteckt werden können, wenn sie mit Menschen der Klasse E, den akut erkrankten und (noch) nicht isolierten, zusammentreffen. Schließlich gibt es noch die Klasse I der Immunen, also Personen, die schon einmal die Masern hatten oder aus irgendwelchen anderen Gründen gegen die Krankheit gefeit sind. Auch die bereits isolierten Kranken wollen wir dieser Klasse zuzählen, weil sie niemanden mehr anstecken können. Da die Ärzte tüchtig sind, können wir L + E + I = 10000 für absehbare Zeit voraussetzen.

Es erscheint nun plausibel, daß sich Neuerkrankungen proportional sowohl zur Zahl E der infizierenden Kranken als auch zur Zahl L der für die Krankheit anfälligen Personen bilden, so gelangt man zur Darstellung

$$L_{k+1} = L_k - \alpha \cdot E_k \cdot L_k$$

wobei der Proportionalitätsfaktor α die Wahrscheinlichkeit (oder die Häufigkeit) für eine Infizierung im betrachteten Zeitabschnitt k, k + 1 beinhaltet.

Die Zahl I der Immunen kann nur aus der Gruppe E Zuwachs erhalten, die zugehörige *Ausscheiderate* β ist u. a. ein Maß für den Erfolg der medizinischen Bemühungen

$$I_{k+1} = I_k + \beta \cdot E_k$$

Die Gruppe E erfährt in jedem Zeitabschnitt eine zweifache Veränderung, indem sie die $\alpha E_k L_k$ Neuerkrankten aufnimmt und die Genesenden βE_k an die Immunen abgibt:

$$E_{k+1} = E_k + \alpha \cdot E_k \cdot L_k - \beta \cdot E_k$$

Im folgenden BASIC-Programm findet man die verschiedenen Übergänge als Zuweisungen leicht wieder.

b) BASIC-Programm

```
200 : INPUT " LABILE:";L," ERKRANKTE:";E,"IMMUNE:";I
205 : USING "#######":K=1
210 : INPUT " INFEKTIONSRATE:";A." GENESUNGSRATE:";B
220 : U=L−A*L*E: IF U<0.5LET L=0,U=0
230 : H=E+A*L*E−B*E
240 : I=I+B*E:L=U:E=H
250 : PAUSE L;" ";E;" ";I
260 : K=K+1:GOTO 220
```

Erläuterungen:

Die Hilfsspeicher U und H dienen der vorübergehenden Aufbewahrung der alten Werte von L und E. Zeile 220 ist nötig, damit bei rascher Ausbreitung der Erkrankung nicht L bzw. U negativ und in Zeile 230 A · L · E *subtrahiert* wird!

c) Testbeispiel in graphischer Darstellung

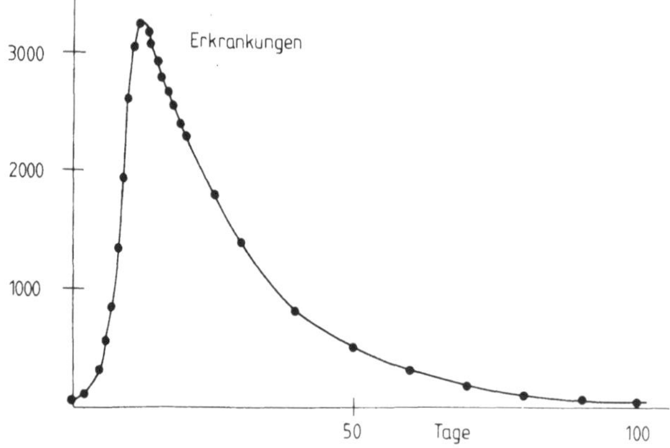

Ausgangsdaten: $L_0 = 3980$; $E_0 = 20$; $I_0 = 6000$; $A = 0{,}0002$; $B = 0{,}05$

Beachten Sie auch den sog. Schwellenwert B/A; solange dieser von L übertroffen wird, steigt die Zahl E an!

7 Aufgaben aus Wirtschafts- und Sozialwissenschaften

7.1 d'Hondtsches Höchstzahlverfahren

a) Mathematischer Hintergrund

Das d'Hondtsche Verfahren dient z. B. zur Verteilung der Sitze des Bundestages, es soll an einem Beispiel erläutert werden: 1983 entfielen an Zweitstimmen auf die

SPD	14	865	807
CDU	14	857	680
CSU	4	140	865
F.D.P.	2	706	942
GRUENE	2	167	431

Es sind insgesamt 496 Mandate zu vergeben. Zu diesem Zweck werden die angeführten Zweitstimmen jeweils durch 1, 2, 3, 4 usw. geteilt und die Quotienten laufend verglichen. Die Partei mit dem höchsten Quotienten erhält jedesmal ein Mandat. Auf diese Weise erhält die CSU erstmals mit Nr. 7 und die F.D.P. erstmals mit Nr. 12 einen Sitz, vgl. die Anlage (nach Unterlagen des Statistischen Bundesamtes).

Anlage zu a)

SITZ-FOLGE	PARTEI	HOECHSTZAHL			TEILER
001	SPD	14	865	807	1 *
002	CDU	14	857	680	1 *
003	SPD	7	432	903	2
004	CDU	7	428	840	2
005	SPD	4	955	269	3
006	CDU	4	952	560	3
007	CSU	4	140	865	1 *
008	SPD	3	716	451	4
009	CDU	3	714	420	4
010	SPD	2	973	161	5
011	CDU	2	971	536	5
012	F.D.P.	2	706	942	1 *
013	SPD	2	477	634	6
014	CDU	2	476	280	6
015	GRUENE	2	167	431	1 *
016	SPD	2	123	686	7
017	CDU	2	122	525	7
018	CSU	2	070	432	2

usw. bis

Fortsetzung Anlage

SITZ-FOLGE	PARTEI	HOECHSTZAHL	TEILER
479	SPD	80 355	185
480	CDU	80 311	185
481	GRUENE	80 275	27 **
482	SPD	79 923	186
483	CDU	79 880	186
484	CSU	79 632	52
485	F.D.P.	79 615	34 **
486	SPD	79 496	187
487	CDU	79 452	187
488	SPD	79 073	188
489	CDU	79 030	188
490	SPD	78 655	189
491	CDU	78 612	189
492	SPD	78 241	190
493	CDU	78 198	190
494	CSU	78 129	53 **
495	SPD	77 831	191 **
496	CDU	77 788	191 **

* = Gesamtzahlen der Zweitstimmen für die SPD, CDU, CSU, F.D.P. und GRUENE

** = Letzte für die Parteien zum Zuge gekommenen Höchstzahlen und zugleich Gesamtzahlen der Sitze für jede Partei. (ohne Überhangsmandate)

b) Allgemeiner Ablaufplan

Anfang des Programms

Eingabe: n Parteien, M Mandate, P_i Stimmen für die i-te Partei, i = 1, 2, ... , n

$q_i \leftarrow P_i$ (Quotienten); $d_i \leftarrow 1$ (Divisoren); $x_i \leftarrow 0$ (Sitze), i = 1, 2, ... , n

Wiederhole $\left[\begin{array}{l} \text{In einem } U.P. \text{ aus den } q_i \text{ (i = 1, 2, ... , n) das maximale } ,,q_j`` \text{ heraus-} \\ \text{sortieren und den zugehörigen Index } ,,j`` \text{ abspeichern;} \\ d_j \leftarrow d_j + 1; \; x_j \leftarrow x_j + 1 \quad (1 \text{ Sitz für Nr. j}); M \leftarrow M - 1 \\ q_j \leftarrow P_j : d_j \end{array}\right.$

        bis M = 0

Ausgabe der Mandate x_i, i = 1, 2, ... , n

Ende des Hauptprogramms

Beginn des Unterprogramms

$j \leftarrow n; m \leftarrow q_n; i \leftarrow n - 1$

$$\textit{Solange} \; i \neq 0 \left[\begin{array}{l} \text{Wenn } q_i > m \\ \qquad \text{dann } m \leftarrow q_i; j \leftarrow i \\ i \leftarrow i + 1 \end{array} \right.$$

Return

Erläuterungen:

Das Unterprogramm hält auf m den maximalen Quotient q_i fest. i ist Laufvariable, j (innerhalb eines U.P.-Durchgangs) eine Konstante aus dem Bereich 1, 2, ... , n.

Konkret stellt j einen Speicher dar, der die Nummer derjenigen Partei aufnimmt, die gerade den höchsten Quotient aufweist.

In der Schleife des Hauptprogramms wird als Folge davon der Divisor d_j um 1 erhöht, auf x_j ein Mandat vorgemerkt und mittels P_j und d_j der nächste Quotient gebildet.

c) BASIC-Übersetzung

```
 10:INPUT " ANZAHL DER PARTEIEN: ";N," ANZAHL DER MANDATE: ";M
 20:FOR I=1TO N
 30:PAUSE " PARTEI NR.";I: INPUT S:A(26+I)=S
 40:NEXT I
 50:FOR I=1TO N
 60:A(36+I)=A(26+I):A(46+I)=1:A(56+I)=0
 70:NEXT I

 80:FOR I=MTO 1 STEP - 1
 90:GOSUB "MAX"
100:A(46+J)=A(46+J)+1:A(56+J)=A(56+J)+1
110:A(36+J)=A(26+J)/A(46+J)
120:NEXT I
130:FOR I=1TO N
135:S=A(56+I):PRINT S
140:NEXT I:END

150:"MAX"J=N:L=A(36+N)
160:FOR K=N-1TO 1STEP -1
170:IF A(36+K)>L LET L=A(36+K),J=K
180:NEXT K
190:RETURN
```

Erläuterungen:

Eingabe und Vorbereitungen erfolgen gemäß Zeile 10 bis 70. Der Wiederholungsblock und die Ausgabe der Mandate sind in Zeile 80 bis 140 formuliert; das Unterprogramm befindet sich zwischen Zeile 150 und 190.

Zur indirekten Adressierung sind die Speicher ab A(27) verwandt worden; je 10 von ihnen bilden ein *array* für Stimmen, Quotienten (A(37) bis A(46)), Divisoren (A(47) bis A(56)) und Sitze (A(57) bis A(66)). Da die For-Schleife im Unterprogramm aus einer For-Schleife

des Hauptprogramms heraus aufgerufen wird, müssen die beiden Laufvariablen unbedingt
verschieden benannt werden (hier i und k).

d) Testbeispiele

1. Die o.a. Daten der Bundestagswahl 83 erhält man nach etwa 3/4 Std., daher begnügt
   man sich zum Ersttest lieber mit:
2. Die 12 Mandate eines kommunalen Ausschusses sind an drei Parteien mit den Stimman-
   teilen $P_1 = 153718$; $P_2 = 185812$; $P_3 = 78443$ zu verteilen.
   Ergebnis: $x_1 = 4$; $x_2 = 6$; $x_3 = 2$; Rechenzeit: 40 Sekunden.

7.2 Prognosen zum Kaufverhalten

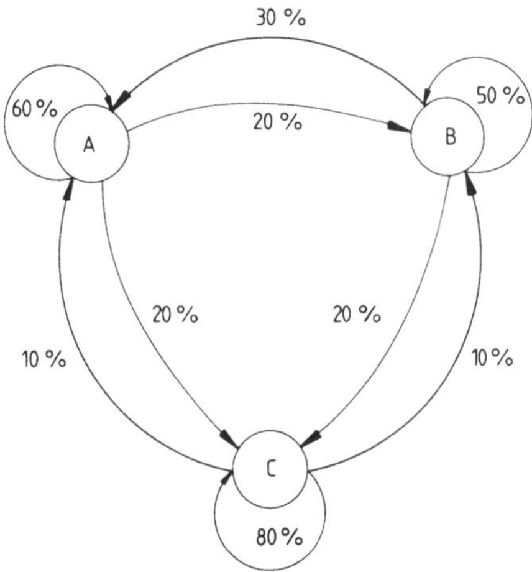

a) Problemstellung

Der Graph zeigt drei Firmen A, B, C im Kampf um Konsumenten für ein bestimmtes Produkt. Die Pfeile mit den Prozentzahlen verdeutlichen die sog. Übergangswahrscheinlichkeiten
für Wechselkunden. So wird z. B. erwartet, daß Käufer, die bei Firma A gekauft haben,
beim nächstenmal zu 60 % wieder bei A kaufen, daß aber je 20 % zu den anderen Firmen
überwechseln usw.

Wir wollen annehmen, daß z. Z. jede Firma gleich viele Kunden hat. Die Frage lautet, wie
das in 4 Monaten oder nach längerer Zeit aussieht, wenn die Kunden im Mittel einmal pro
Monat das Produkt kaufen.

Man entnimmt dem Diagramm leicht das folgende System von Differenzengleichungen
(mit Variablen anstelle der speziellen Prozentsätze):

$$A_{k+1} = a_1 \cdot A_k + b_1 \cdot B_k + c_1 \cdot C_k$$
$$B_{k+1} = b_2 \cdot A_k + b_2 \cdot B_k + c_2 \cdot C_k$$
$$C_{k+1} = b_3 \cdot A_k + b_3 \cdot B_k + c_3 \cdot C_k$$

$k = 0, 1, 2, 3, \dots$ kennzeichnet dabei den jeweiligen Zeitpunkt; A_k, B_k, C_k zugehörigen
Marktanteile der Firmen A, B, C.

b) BASIC-Übersetzung

```
 10:INPUT " A=";A, " B=";B," C=";C
 20:PAUSE " UEBERGANGSQUOTEN"
 30:INPUT " A-->A:";I, A-->B:";J, " A-->C:";N
 40:INPUT " B-->A:";P," B-->B:";Q," B-->C:";R
 50:INPUT " C-->A:";X," C-->B:";Y,"C-->C:";Z

 60:K=1
 70:H=I*A+P*B+X*C
 80:S=J*A+Q*B+Y*C
 90:C=N*A+R*B+Z*C
100:A=H:B=S
110:PRINT USING;K;USING "####.##";A;B;C
120:K=K+1:GOTO 70
```

Erläuterungen:

Die Eingabe (Zeile 10 bis 50) ist so kommentiert, daß der Benutzer leicht die Startwerte A_0, B_0, C_0 und die neun Übergangsquoten (als Dezimalbrüche) auseinanderhalten kann.
Zwei Hilfsspeicher S und H dienen der vorübergehenden Aufnahme von A_{k+1} und B_{k+1}, da die alten Werte noch in der zweiten und dritten Zuweisung (Zeile 80 und 90) benötigt werden. Das Using-Format gestattet die gleichzeitige Anzeige des Zeitpunkts k und der drei Marktanteile beim folgenden Testbeispiel.

c) Testbeispiel

Mit den Werten aus Abschnitt a) ($A_0 = B_0 = C_0 = 1/3$) erhalten wir nach 4 Monaten ($k = 4$) beispielsweise

$$A = 0{,}29 \quad B = 0{,}22 \quad C = 0{,}47$$

und damit ein Ergebnis, das sich von der langfristigen Prognose

$$A = 0{,}28 \quad B = 0{,}21 \quad C = 0{,}49$$

kaum unterscheidet. Man kann (mit Hilfe der Linearen Algebra) zeigen, daß im Grenzfall $A = 2/7$, $B = 3/14$, $C = 1/2$ wird, s. Anhang.

Im übrigen ist die Modellvorstellung für längerfristige Voraussagen zu einfach, weil die Übergangsquoten nur kurzfristig als konstant angesehen werden können. Die Kapazität des PC-1212 reicht aber sicherlich für entsprechend verfeinerte Systeme aus, wie der interessierte Leser den Lehrbüchern der Betriebswirtschaft entnehmen kann.

7.3 Volkswirtschaftsmodelle

a) Problemstellung

In der klassischen Wirtschaftstheorie findet man zahlreiche sog. makroökonomische Modelle, die die zeitliche Veränderung der für die Volkswirtschaft wichtigen Größen wie Konsum, Investition, Sozialprodukt usw. in ihrer gegenseitigen Abhängigkeit beschreiben. Oft handelt es sich dabei um Systeme von Differentialgleichungen, deren mathematische Behandlung recht aufwendig ist und die deshalb auch verhältnismäßig wenig Parameter umfassen, also die wirklichen Vorgänge nur stark vereinfacht widerspiegeln. Mit Hilfe eines Computers kann man die theoretische Auswertung umgehen, indem man statt der durch die Differentialgleichungen beschriebenen stetigen Übergänge die durch Differenzgleichungen vermittelten schrittweisen Übergänge studiert.

Dies soll hier an zwei besonders einfachen Modellen demonstriert werden:

$$(I) \quad V_k = \alpha \cdot E_{k-1} \qquad\qquad (II) \quad V_k = \alpha \cdot E_{k-1}$$
$$ \quad I_k = I_0 \cdot (1 + q)^k \qquad\qquad \quad I_k = \beta \cdot (E_{k-1} - E_{k-2})$$
$$ \quad E_k = V_k + I_k \qquad\qquad\quad\; \quad E_k = V_k + I_k + I_k^*$$

Es handelt sich um ein klassisches *Wachstumsmodell* (I) und das Modell von *Hicks* (II). $k = 1, 2, 3, \ldots$ bezeichnet äquidistante Zeitpunkte, V_k den Gesamt*verbrauch* oder *Konsum* innerhalb eines *Zeitabschnitts,* E_k das *Volkseinkommen* (genauer das marktwertbezogene Nettosozialprodukt) und I_k die *Investionen* zu dieser Zeit. In (I) gibt es noch die *Investitionsrate* q und in (II) einen von den übrigen Größen unbeeinflußten Investitionsanteil I_k^*, den wir der Einfachheit halber im folgenden als konstant voraussetzen wollen. An das gemäß (I) erforderliche exponentielle Wachstum der Investitionen glaubt wohl so recht niemand mehr; realistischer scheint da die Vorstellung in (II), die die Investition in Abhängigkeit der allg. Einkommensänderung sieht.

Für das Hickssche Modell geben wir eine BASIC-Version an.

b) BASIC-Übersetzung

```
10: INPUT " E0=";E," E-1=";H," DAUERINVESTITION:";U
20: INPUT " A=";A," B=";B
30: K=1
40: V=A*E
50: I=B*(E-H)
60: H=E
70: E=V+I+U
80: PRINT USING;K;USING "####";E;V;I
90: K=K+1:GOTO 40
```

Erläuterungen:

Weil wir beim Start von k = 1 ausgehen, nennen wir die Eingabewerte für das Volkseinkommen folgerichtig E_0 und E_{-1}. Durch Umspeichern im richtigen Augenblick (Zeile 60) kommt man mit einem Hilfsspeicher H aus. Das Using-Format ist wieder auf die gleichzeitige *Anzeige* von vier Größen bezogen; die Ausgabe der Testergebnisse erfolgte über einen *Drucker.*

c) Testläufe

Fall 1: $E_0 = 300$ Mrd. DM; $E_{-1} = 200$ Mrd. DM; $I_1 = U = 75$ Mrd. DM
            $\alpha = 0{,}8 \quad \beta = 1$

Wir konstatieren eine ziemlich stabile Oszillation der drei Größen, die in der Reihenfolge Volkseinkommen, Konsum, Investitionen ausgegeben werden. Negative Investitionen dürfen wir dabei als Verkauf von Investitionsgütern, Kapitalflucht und dergl. deuten.

Fall 1

1	415	240	100
2	522	332	115
3	599	417	107
4	632	479	77
5	613	505	32
6	547	490	-18
7	446	437	-66
8	331	356	-100
9	224	264	-115
10	148	179	-106
11	117	118	-76
12	138	94	-30
13	205	110	20
14	307	164	67
15	422	246	101
16	528	338	115
17	603	422	105
18	632	482	74
19	610	506	29
20	540	488	-22
21	438	432	-69
22	323	350	-102
23	218	258	-115
24	144	174	-104
25	117	115	-73
26	141	93	-27
27	212	113	24
28	315	169	70
29	430	252	103
30	534	344	115
31	607	427	104
32	632	485	72
33	606	506	25
34	534	485	-25
35	430	427	-72
36	315	344	-104
37	211	252	-115
38	141	169	-103
39	117	112	-70
40	144	93	-23

Fall 2

1	302	180	70
2	235	181	1
3	147	141	-46
4	78	88	-61
5	51	47	-47
6	64	31	-18
7	100	38	9
8	137	60	24
9	161	82	26
10	165	96	16
11	155	99	3
12	138	93	-7
13	123	82	-11
14	116	74	-10
15	117	69	-4
16	123	70	0
17	131	74	4
18	136	78	5
19	137	81	3
20	136	82	1
21	133	81	-1
22	130	79	-2
23	128	78	-2
24	128	77	-1
25	129	77	-0
26	130	77	0
27	132	78	1
28	132	79	0
29	132	79	0
30	131	79	-0
31	131	79	-0
32	130	78	-0
33	130	78	-0
34	130	78	-0
35	131	78	0
36	131	78	0
37	131	78	0
38	131	78	0
39	131	78	-0
40	131	78	-0

Fall 3

1	562	300	150
2	1068	562	393
3	1940	1068	759
4	3360	1940	1307
5	5603	3360	2130
6	9080	5603	3364
7	14408	9080	5215
8	22513	14408	7991
9	34782	22513	12156
10	53298	34782	18403

Fall 4

1	751	550	201
2	1028	826	202
3	1333	1130	203
4	1671	1467	204
5	2043	1838	205
6	2453	2247	206
7	2906	2699	207
8	3405	3197	208
9	3954	3745	209

Fall 2:   Wie oben, aber mit $\alpha = 0{,}6$ und $\beta = 0{,}7$

Eine oszillatorische Bewegung, die sich aber im Laufe der Zeit stabilisiert!

Fall 3:   Wie oben, aber $\alpha = 1$ und $\beta = 1{,}5$

Ein ständiges Wachstum; der Investitionsfaktor war wohl zu hoch angesetzt. Hicks selbst unterstellte übrigens ein $\beta > 1$, verbunden mit Konsumquote $\alpha < 1$. Dies kann u. U. zu einem explosiven Aufschaukeln führen, wie der Leser anhang von $\alpha = 0,4$ und $\beta = 1, 2$ selbst feststellen kann!

Fall 4:   Zum Vergleich ein Ausdruck von Modell (1) mit den Startwerten

$E_0 = 500$; $I_0 = 200$; $\alpha = 1,1$; $q = 0,005$

Wenn alle beteiligten Größen wie hier gemeinsam gleichmäßig anwachsen, spricht man von einem *dynamischen Gleichgewicht.*

Es muß nochmals betont werden, daß die hier vorgestellten Modelle nicht den Anspruch erheben können, die komplexe Wirklichkeit wiederzugeben. Ähnlich wie in der Physik kann man durch solche Idealisierungen jedoch auch in der Volkswirtschaftslehre manche Erkenntnisse über die Wechselwirkung einzelner Größen gewinnen.

Auf der anderen Seite kann man mit Großcomputern Regelsysteme untersuchen, in denen hunderte von Parametern sich gegenseitig beeinflussen. D. u. D. Meadows berichten in [5] über amerikanische Projekte dieser Art, wo in sog. *Weltmodellen* die Möglichkeiten für ein *globales Gleichgewicht* unter Berücksichtigung der politischen, sozialen, ökonomischen Faktoren erkundet wurden.

8 Aus der Welt des Zufalls

8.1 Theoretische Fahrprüfung: Ein Ratespiel ?

a) Problemstellung

Bei einem *multiple-choice-test* werden z.B. 20 Fragen mit jeweils 5 Antwortmöglichkeiten
angegeben, von denen immer nur eine richtig ist. Solche Situationen erlebt man im theore-
tischen Teil der Führerscheinprüfung. Wir wollen annehmen, daß man wenigstens die Hälfte
der Fragen richtig beantworten muß, um die Prüfung zu bestehen.

Frage: Wie groß ist die Wahrscheinlichkeit des Bestehens für einen Kandidaten, der blindlings jeweils eine der 5 angeboteten Antworten ankreuzt?

Das gegenteilige Ereignis, nämlich höchstens 9 richtige Anworten anzukreuzen, ist durch
das Rezept

$$\overline{w} = \sum_{v=0}^{9} \binom{20}{v} \cdot \left(\frac{1}{5}\right)^v \cdot \left(\frac{4}{5}\right)^{20-v}$$

berrechenbar; die gesuchte Wahrscheinlichkeit ergibt sich dann zu $1 - \overline{w}$. Da wir natürlich
auch andere Aufgaben dieses Typs mit unserem Programm lösen wollen, erstellen wir einen
Ablaufplan für den Term

$$\sum_{v=0}^{k} \binom{n}{v} \cdot p^v \cdot q^{n-v}$$

hierbei ist $k \leqslant n$ und $q = 1 - p$.

b) BASIC-Programm

```
 10: INPUT " K=";K," N=";N,"P=";P
 20: Q=1-P:S=Q^N:USING "###.#"
 30: FOR V = 1 TO K
 40: H=1
 50: FOR I=1TO V
 60: H=H*(N+1-I)/I
 70: NEXT I
 80: S=S+H*P^V*Q^(N-V)
 90: NEXT V
100: S=(1-S)*100:PRINT "WAHRSCHEINLICHKEIT ";S;"%"
110: END
```

Erläuterungen:

Weil v = 0 den Startwert q^n liefert, belegen wir einen Speicher S damit und lassen die For-Schleife nur noch von 1 bis k laufen. Der Hilfsspeicher H nimmt für jedes v den zugehörigen *Binomialkoeffizienten*

$$\binom{n}{v} = \frac{n \cdot (n-1) \cdot (n-2) \cdot \ldots \cdot (n-v+1)}{1 \cdot 2 \cdot 3 \cdot \ldots \cdot v}$$

auf, der in der inneren For-Schleife berechnet wird.

Das Ausgabeformat geht davon aus, daß die Wahrscheinlichkeit in Prozent mit einer Nachkommastelle dargestellt werden soll.

c) Testbeispiel

Nach 40 Sekunden erscheint als Ergebnis der oben gestellten Aufgabe 0,2 % d.h. die Aussichten, durch bloßes Raten die Führerscheinprüfung zu bestehen, sind außerordentlich gering!

8.2 Erzeugung von Zufallszahlen

a) Problemstellung

Grundlage für die Simulation, also die Nachahmung, von Zufallsprozessen ist eine hinreichende Anzahl zufällig ausgewählter Zahlen, wir beschränken uns hier auf *gleichverteilte* Zufallszahlen; aus ihnen lassen sich bei Bedarf auch *normalverteilte* herstellen.

Es genügt, daß der Zufallsgenerator Zahlen des offenen Intervalls (0,1) liefert; im folgenden wird gezeigt, wie man daraus beliebige Intervalle und speziell Zufalls*ziffern* gewinnen kann.

Es sollen hier drei Methoden vorgestellt werden, auf schnelle Art Zufallszahlen zu produzieren:

I $z \leftarrow e^{\pi + z} - \text{int}\,(e^{\pi + z})$

II $z \leftarrow (\pi + z)^6 - \text{int}\,((\pi + z)^6)$

III $z \leftarrow (1102{,}3045 \cdot z) - \text{int}\,(1102{,}3045 \cdot z)$

Allen drei Methoden ist gemeinsam, daß man den Vorgang mit einer einzugebenden Zahl für z starten muß, das Ergebnis des rechts stehenden Ausdrucks dient dann als Vorlage für die nächste Zufallszahl usw. Weil bei vorgegebenem Programm auf einem bestimmten Computertyp mit dem ersten z alle weiteren determiniert sind, spricht man auch von *Pseudozufallszahlen,* trotzdem kann man mit dem Rechner z. B. würfeln, siehe 8.4. wenn man zu Beginn eine allen Spielern unbekannte Zahl eingibt!

b) BASIC-Programm

```
10:INPUT " STARTZAHL: ";Z," WIEVIEL ZUFALLSZAHLEN?";N
20:USING " ##.#####":S=-Z
30:FOR I=0TO N
40:PRINT Z:S=S+Z
50:Z=EXP (π+Z):Z=Z-INT Z
60:NEXT I
70:PRINT " "
```

```
 80:S=S/I:PRINT "M=";S
 90:END
100:Z=π+Z:Z=Z^6:Z=Z−INT Z
110:Z=A∗Z:Z=Z−INT Z
```

Erläuterungen:

Das Using-Format beschränkt die Ausgabe auf fünf Dezimalen, weil die folgenden Ziffern u. U. viele Nullen enthalten, vor allem bei Methode II. Der Hilfsspeicher S dient der Ermittlung des Durchschnittswert der n Zufallszahlen und wird zu Beginn mit $-z$ belegt, damit die Startzahl unberücksichtigt bleibt. In Zeile 50 kann man auch alternativ die in den Zeilen 100 und 110 angefügten Algorithmen setzen; bei der letzten muß man vorher Speicher A manuell (z.B. mit 1102,3045) belegen.

Die Folge der Zufallszahlen hängt nicht nur vom ausgewählten Programm (I, II oder III) und von der Startzahl ab, sondern auch noch von der Art der Übersetzung in BASIC-Befehle.

Desgleichen spielt es eine Rolle, ob der Rechner z. B. eine oder 14-stellige Anzeigekapazität hat; schon bei der 5. oder 6. Zufallszahl wirken sich diese Unterschiede in der ersten Dezimale aus, d. h. man erhält trotz gleicher Startzahl und gleicher Bestimmungsmethode bei verschiedenen Rechnern völlig verschiedene Zahlenfolgen! Den folgenden Ausdruck erhält man z. B. nur mit dem PC-1212.

c) Testbeispiele

I	II	III
0.05882	0.05882	0.05882
0.54274	0.57998	0.84144
0.81863	0.81375	0.52438
0.46921	0.22252	0.03547
0.99599	0.53724	0.10160
0.65133	0.94317	0.00142
0.38636	0.17667	0.56902
0.05424	0.96553	0.23355
0.43072	0.83900	0.44828
0.59884	0.22824	0.14833
0.11622	0.37506	0.51199
M= 0.50643	M= 0.56812	M= 0.34155

Abgedruckt unter I, II, III sind jeweils die ersten 10 Zufallszahlen, die sich beim Startwert 1/17 ergeben.

Die Zahl 1102,3045 in III ist natürlich nicht zwingend, und der Autor kann sich auch nicht für die Qualität der damit verbundenen Zufallszahlenfolgen verbürgen; es handelt sich dabei um einen Spezialfall der sogenannten *Methode der linearen Kongruenzen*

$z_{n+1} = (a \cdot z_n + b) \bmod m$ nach D. *Lehmer*. Sie hängt empfindlich von der Startzahl ab; der zweite Mittelwert entstand mit $z_0 = 1/3$. Um grobe Fehler aufzudecken, kann man den Mittelwert heranziehen, der sich der Zahl 0,5 nähern müßte.

Bessere Instrumente zur Überprüfung der Güte von Zufallszahlen stellen der *Chi-Quadrat-Test* und der *Pokertest* dar; ihre Verwendung in Verbindung mit PC-1212 erfordert viel Rechenzeit.

Überprüfungen, wie die zuletzt genannten, sind vor allem dann notwendig, wenn man nicht nur die *Zufallszahl* aus (0,1), sondern auch ihre einzelnen Ziffern als *Zufallsziffern* nutzen will.

8.3 Monte-Carlo-Methode zur Flächenberechnung

a) Mathematischer Hintergrund

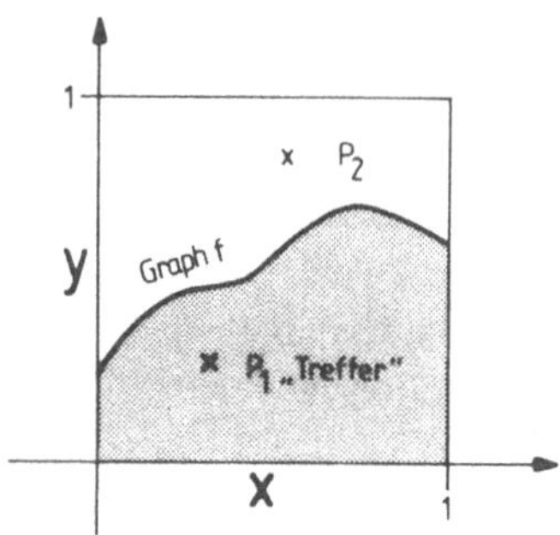

Das Bild zeigt die Kurve zu einer über (0; 1) definierten Funktion f mit Werten aus (0, 1). Die Maßzahl für die Fläche unter dieser Kurve, die von den Achsen und der Senkrechten durch x = 1 begrenzt wird, kann man auf folgende verblüffende Weise näherungsweise berechnen:

Man beschafft sich ein Paar von Zufallszahlen aus dem Intervall (0; 1) nach einer der im vorigen Abschnitt beschriebenen Methoden und deutet diese als Koordinaten eines Punktes aus dem Einheitsquadrat. Ein solcher Punkt kann dann innerhalb der zu bestimmenden Fläche liegen, wie z. B. P_1, oder außerhalb derselben, wie z. B. P_2; bei echter Gleichverteilung der einzelnen Zufallszahlen müßten sich als Folge davon auch die zugeordneten Punkte gleichmäßig auf dem ganzen Quadrat verteilen, d. h. aber, daß mit wachsender Anzahl der Punkte der Quotient aus der Anzahl der „Treffer" und der Gesamtzahl der Punkte gegen die gesuchte Flächenmaßzahl streben wird!

b) Allgemeiner Ablaufplan

Anfang des Hauptprogramms

1. *Eingabe:* Anzahl der Punkte „n" und Startzahl „z"
   m ← n; k ← 0
2. *Wiederhole*
   $$\begin{array}{l} \text{U.P.1; U.P.2; S} \leftarrow \text{f}(z); \text{U.P.1} \\ \text{Wenn } z - S \leqslant 0 \\ \qquad \text{dann } k \leftarrow k + 1 \\ m \leftarrow m - 1 \end{array}$$
   bis m = 0

3. *Ausgabe* von k/n

Ende des Hauptprogramms

Beginn von *UP1*
$z \leftarrow e^{\pi + z} - \text{int}(e^{\pi + z})$
Return

Beginn von *UP2*
f(z) berechnen
Return

c) BASIC-Übersetzung

```
 10:INPUT N, Z
 20:K=0
 30:FOR I=1TO N
 40:GOSUB "ZUFALLSZAHL": GOSUB "FUNKTIONSWERT": GOSUB "ZUFALLSZAHL"
 50:IF Z-S<=0LET K=K+1
 60:NEXT I
 70:PRINT K/N
 80:"ZUFALLSZAHL"
 90:Z=EXP (π+Z):Z=Z-INT Z
100:RETURN
110:"FUNKTIONSWERT"
120:S=√(1-Z*Z)
130:RETURN
```

Erläuterungen:

Gegenüber dem allgemeinen Ablaufplan ist das abwärts zählende m durch das I der aufwärts gerichteten For-Schleife ersetzt worden. Die Zuweisung des Funktionswertes auf Speicher S erfolgt innerhalb des Unterprogramms (Zeile 120)

d) Testbeispiel

Funktion: $f(x) = \sqrt{1 - x^2}; 0 \leqslant x \leqslant 1$
Startwert: $z = 1/17$
Punktzahl: $n = 100\ (1000)$

Für die Viertelfläche des Einheitskreises erhält man 0,82 (0,785) und somit für π 3,28 (3,14).

Man konstatiert großen Zeitaufwand bei mäßiger Genauigkeit; bei 10000 Punkten müßte man den Rechner schon über Nacht laufen lassen!

Durch Einbezug geeigneter Ähnlichkeitsabbildungen kann man auch Flächen von Funktionen mit anderen Definitions- und Wertebereichen nach dieser Methode berechnen!

8.4 Würfel- und Lottospiele

a) Vorüberlegungen

Jeder Wurf bedeutet eine zufällige Auswahl einer Ziffer der Menge $\{1, 2, 3, 4, 5, 6\}$. Weil die Zufälligkeit der einzelnen *Ziffern* einer Zufallszahl unserer Herstellungsart nicht bei beliebiger Startzahl gesichert erscheint, erzeugen wir uns Zufallsziffern auf andere Art: Wir multiplizieren die Zufallszahlen aus (0; 1) mit 6, dann verteilen sie sich gleichmäßig über das Intervall (0; 6), d. h. sie beginnen beliebig nahe bei Null und enden beliebig dicht unter

6. Anschließend kappen wir den Vorkommateil der so veränderten Zahlen mittels Integer-befehl ab, dann erhalten wir irgendeine Zahl aus der Folge 0, 1, 2, 3, 4. 5. Durch Addition von 1 wird daraus die gewünschte Würfelziffer; also *erst* z. B.

$$z \leftarrow e^{\pi + z} - \text{int}(e^{\pi + z}) \quad \text{und } dann \quad w \leftarrow \text{Int}(6 \cdot z) + 1$$

Analog kann man ein Glücksrad mit den Ziffern 0, 1, 2, 3, ... , 8, 9 „herstellen" oder „Roulette spielen" mittels

$$w \leftarrow \text{Int}(10 \cdot z) \quad \text{bzw.} \quad w \leftarrow \text{Int}(37 \cdot z)$$

Wenn man mit $49 \cdot z$ arbeiten würde, bekäme man Zahlen zu Gesicht, die rein äußerlich von dem Ergebnis einer Lottoziehung nicht zu unterscheiden wären! Dies wäre jedoch eine schlechte Nachahmung jenes Vorgangs, den allsamstaglich via Fernsehen viele Menschen mit Spannung verfolgen. Der Fehler ist einfach der, daß das Programm stets jede Zahl mit derselben Wahrscheinlichkeit auswählt, was zwar dem Würfelvorgang, nicht aber der Lotto-ziehung entspricht, weil dort die zweite Zahl nur noch aus 48 Fällen ausgewählt wird, die dritte Zahl aus 47 Zahlen und die sechste Zahl schließlich aus den verbliebenen 44 Zahlen.

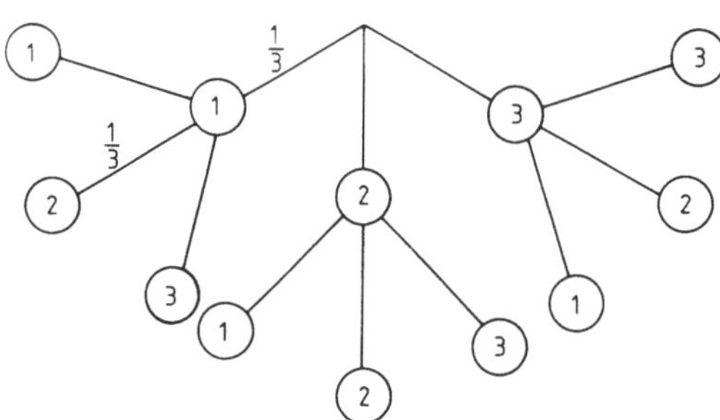

Zweimalige Ziehung mit Zurücklegen

In der Wahrscheinlichkeitsrechnung spricht man vom *Ziehen ohne Zurücklegen;* wir wollen uns den Vorgang anhand des *Urnenmodells* veranschaulichen; zu diesem Zweck stellen wir uns einen Behälter mit drei numerierten Kugeln vor, dem wir mehrmals nacheinander will-kürlich eine Kugel entnehmen:

Wenn beim erstenmal z.B. die Kugel Nr. 1 gezogen wird und nicht zurückgelegt wird, wird die Kugel Nr. 2 beim nächsten Mal mit 50 % statt mit 33 1/3 % Wahrscheinlichkeit gezogen!

Das folgende BTC-Programm trägt den veränderten Bedingungen Rechnung; wegen der ge-häuften Verwendung der indirekten Speicheradressierung verzichteten wir auf einen allge-meinen Ablaufplan.

b) BASIC-Programm

```
 10:INPUT " IHRE GLUECKSZAHL: ";Z:=1/Z
 20:FOR I=1TO 49
 30:A(26+I)=I
 40:NEXT I

 50:FOR I=49TO 44STEP −1
 60:GOSUB "ZUFALLSZAHL"
 70:W=INT (I∗Z)+27
 80:PRINT USING;50−I; "LOTTOZAHL: ";USING "###";A(W)
 90:A(W)=A(26+I)
100:NEXT I
110:GOSUB "ZUFALLSZAHL"
120:I=I−1:W=INT(I∗Z)+27
130:PRINT "ZUSATZZAHL: ";A(W)
140:END

150:"ZUFALLSZAHL"
160:Z=EXP (π+Z):Z=Z−INT Z
170:RETURN
```

Erläuterungen:

Das Programm ist in drei Teile gegliedert. Im 1. Teil werden nach Vorbereitung einer Startzahl $0 < z < 1$ für den Zufallszahlengenerator (3. Teil, Zeile 150 bis 170) die Zahlen 1 bis
49 auf die Zellen 27 bis 65 des Feldspeichers A gebracht. Diese Indizierung erschwert zwar
das Verständnis des Programmablaufs ein wenig, hält aber dafür die A(1) bis A(26) entsprechenden Speicher A bis Z frei!

Im 2. Teil (Zeile 50 bis 140) findet die eigentliche „Ziehung der Lottozahlen" statt. Nach
Aufruf des Unterprogramms wird auf Speicher W eine der Zahlen aus der Menge {27,
28, ... , 75} gespeichert. Durch den folgenden Print-Befehl wird der Inhalt der Zelle A(W),
zunächst also eine Zahl aus der Menge {1, 2, 3, ... , 49} ausgegeben.

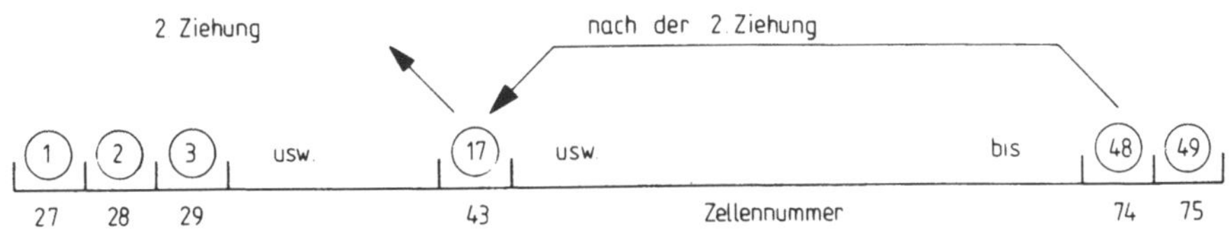

Das „Weglegen" ist hier so arrangiert worden, daß der Speicher der Zahl, die gerade ausgegeben wurde, mit derjenigen Zahl gefüllt wird, die sich im letzten der in die Ziehung mit
einbezogenen Speicher befand. (Zeile 90) Man ersieht das am besten aus der Situation nach
der zweiten Ziehung (Testbeispiel): In die Zelle Nr. 43 rückt an die Stelle der 17 die 48 aus
Zelle Nr. 74, weil I auf 48 gesunken ist. Dadurch wird erreicht, daß in der nun folgenden
dritten Ziehung die bisher noch nicht gezogene 48 neben 1, 2, 3, ... , 16, 18, 19, ... , 47 mit
gleicher Wahrscheinlichkeit gezogen werden kann.

c) Testbeispiel

Zu Beginn wurde eine 13 eingegeben. Es ergab sich

```
1.LOTTOZAHL:    49
2.LOTTOZAHL:    17
3.LOTTOZAHL:    23
4.LOTTOZAHL:    33
5.LOTTOZAHL:    12
6.LOTTOZAHL:     6
 ZUSATZZAHL:    21
```

Wenn man in Zeile 50 die 44 durch eine 1 ersetzt und die Ausgabe in Zeile 80 vereinfacht, erhält man

```
49.      14.      42.      18.      11.
17.       4.      26.      47.      29.
23.       9.      16.      46.      27.
33.      45.      43.       7.       5.
12.       1.      38.       2.      37.
 6.      19.      20.      31.      30.
21.      40.      25.      41.      44.
24.      34.      10.      28.      22.
 3.       8.      15.      35.      48.
32.      39.      13.      36.
```

So ist ersichtlich jede gezogene Kugel stets weggelegt worden! (Der Vorgang kann auch als Verteilen eines Kartenstapels gedeutet werden).

Man könnte das Verfahren dahingehend abändern, daß man die gezogenen Zahlen durch Nullen ersetzt und bei erneutem Ansteuern eines so gekennzeichneten Speichers einfach eine „Ersatzziehung" vorschreibt. Im Gegensatz zu dem hier vorgeschlagenen Verfahren wird die Rechenzeit dabei jedoch mit jeder Ziehung größer und kann beträchtlich anwachsen, wenn man die letzte „Kugel" haben will (da inzwischen 48 Speicherabschnitte mit Nullen belegt wurden und mithin die Wahrscheinlichkeit für das Auffinden des 49. Abschnitts mit der letzten „Kugel" nur 1/49 beträgt!).

8.5 Irrfahrten

a) Problemstellung

Herr Huber findet sein Motel (Z) in Los Angeles nicht wieder, weil alle Straßen dieses Viertels gleich aussehen und starr quadratisch angeordnet sind. Nur der Umstand, daß er durch eine das Viertel umfassende Einbahnstraße von Zeit zu Zeit zwangsläufig zu dem ihm bekannten Startplatz (S) zurückgeführt wird, gibt ihm die Hoffnung, doch noch einmal den Weg von S nach Z zu finden!

Wir fragen uns nun, wie viele Teilstrecken Herr Huber wahrscheinlich dabei zurücklegen muß, wenn er an jeder Kreuzung völlig willkürlich südlich (Fall 1), östlich (Fall 2) oder nördlich (Fall 3) einbiegt, bis er sein Ziel erreicht. Der Einfachheit halber nehmen wir noch an, daß er außer auf der Einbahnstraße nie in westliche Richtung fährt!

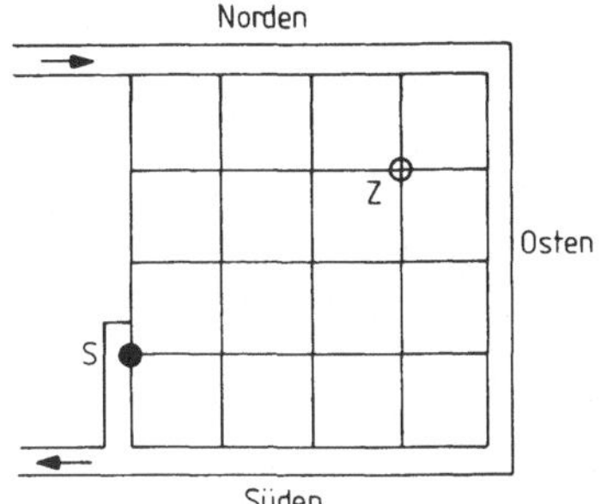

Zur Lösung des Problems entwerfen wir ein Simulationsprogramm; wir schematisieren die Situation in der Weise, daß wir uns obiges Straßennetz eingebettet denken in den ersten Quadranten des Achsenkreuzes, so daß der einzelne Straßenzug eine Einheitsstrecke im Gitternetz darstellt und Startplatz S bzw. Ziel Z durch die Koordinaten (0; 1) und (3; 3) festgelegt sind; die weiteren Überlegungen gehen aus den Struktogramm hervor:

b) Allgemeiner Programmablaufplan

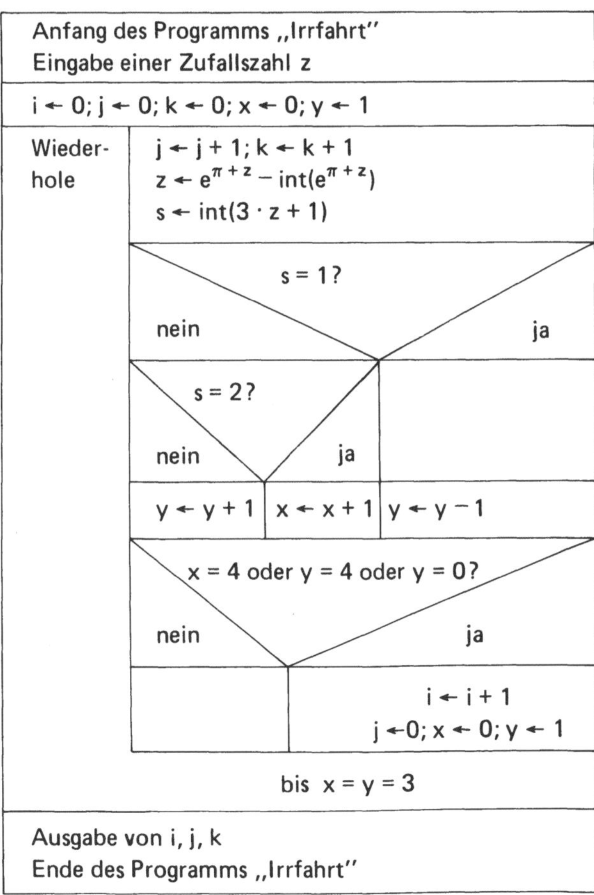

Erläuterungen zum Programmablaufplan:

Außer einer Zufallszahl für z aus (0; 1) ist nichts einzugeben. Die Variable k zählt die Gesamtzahl der durchlaufenen Einheitsstrecken bis zur Erreichung des Ziels (ohne die „Rückläufe"); die Variable i die Anzahl der Rückläufe zum Start und „j" schließlich die Anzahl der Strecken beim letzten, erfolgreichen Anlauf von S aus. Die Speicher x und y registrieren die jeweils aktuelle Position des Irrläufers in einem Gitterpunkt. Nachdem die Zufallszahl z in eine auf S gespeicherte Ziffer 1, 2 oder 3 verwandelt wurde, erfolgt nach entsprechender Abfrage die Korrektur der Position. Durch die letzte Abfrage wird der Rücklauf organisiert und durch den Schleifenaustritt endet das Programm mit der Anzeige der Inhalte von i, j, k.

c) BASIC-Übersetzung

```
 10:INPUT "ZUFALLSZAHL < 1 :";Z
 20:LET I=0, J=0, K=0, X=0, Y=1:USING "####"
 30:J=J+1:K=K+1:PAUSE X,Y
 40:Z=EXP (π+Z):Z=Z-INT Z
 50:S=INT (3*Z+1)
 60:IF S=1LET Y=Y-1:GOTO 90
 70:IF S=2LET X=X+1:GOTO 90
 80:Y=Y+1
 90:IF (X=4)+(Y=4)+(Y=0)=1LET I=I+1, J=0, X=0, Y=1
100:IF (X=3)*(Y=3)=1PRINT "I=";I;" J=";J;" K=";K:END
110:GOTO 30
```

Erläuterungen:

Mit Hilfe der zusätzlichen Pausenausgabe (Zeile 30) kann man die Irrfahrt direkt verfolgen. In Zeile 90 installierten wir eine (exklusive) Oderverknüpfung, in Zeile 100 eine Undverknüpfung, vgl. 3.2.

d) Testbeispiele

Startwert z = 1/7 (Printbefehl in Zeile 30) lieferte

```
X= 0    Y= 1
X= 0    Y= 2
X= 1    Y= 2
X= 1    Y= 1
X= 0    Y= 1
X= 0    Y= 1
X= 1    Y= 1
X= 0    Y= 1
X= 1    Y= 1
X= 0    Y= 1
X= 0    Y= 1
X= 1    Y= 1
X= 2    Y= 1
X= 3    Y= 1
X= 3    Y= 2
X= 0    Y= 1
X= 0    Y= 2
X= 1    Y= 2
X= 2    Y= 2
X= 2    Y= 1
X= 2    Y= 2
X= 3    Y= 2

I=  6  J=  7  K= 2
2
```

Ersetzt man den End-Befehl in Zeile 100 durch ein „GOTO 20", so ergeben sich (ohne *Print* in Zeile 30) für die ersten acht Simulationen die folgenden, stark schwankenden Ergebnisse:

i	j	k
6	7	22
5	11	25
1	5	7
26	5	103
28	7	99
2	5	11
5	5	23
2	5	10

Man beachte, daß die Rückläufe immer nur als Ganzes gezählt werden (i) und nicht als Summe von Teilstrecken; der kürzeste Weg ist 5 Strecken lang; wenn einer Strecke in Wirklichkeit 1 km entspricht, ergibt sich folgendes:

Mittlere Werte für die ersten 8 Simulationen

$i = 9,4$; $j = 6,3$ und $k = 37,5$

für die ersten 100 Simulationen

$i = 8,3$; $j = 7,1$ und $k = 33,4$

Das bedeutet, daß Herr Huber, wenn er wirklich planlos umherirrt, statt der notwendigen 5 km im Mittel 33 km fährt, bis er endlich doch noch zum Ziel gelangt; hierbei ist er im Mittel 8 mal an seinen Startplatz zurückgeführt worden und gelangt von dort beim 9. Mal auf einer Strecke von durchschnittlich 7 km nach Z.

8.6 Kinder lernen spielend das 1 $\times$ 1

a) Gegenstand

Es handelt sich um ein Programm, mit dem Kinder im Grundschulalter ihre Rechenfertigkeit verbessern können. Der Computer stellt die Aufgaben über einen Zufallszahlengenerator und kommentiert zum Schluß die gebotene Leistung.

b) BASIC-Programm

```
 10:USING "###":LET R=0, W=0
 20:PAUSE "JETZT KOMMEN";N;"AUFGABEN"
 30:FOR I=1TO N
 40:LET Z=EXP (π+Z),Z=Z−INT Z, P=INT (Z*(B+1−A)+A)
 50:LET Z=Z*Y,Z=Z−INT Z,Q=INT (Z*(D+1−C)+C)
 60:LET K=0, L=P*Q:PAUSE "      ";I;".AUFGABE"
 70:K=K+1:PAUSE "      ";P;"  *";Q;" ="
 80:INPUT "  ERGEBNIS: ";S: IF L=SLET R=R+1:GOTO 110
 90:BEEP K:IF K=3 PRINT "      ";P;"  *";Q;" =";L:GOTO 110
100:W=W+1:GOTO 70
```

```
110:NEXT I
120:REM "BEURTEILUNG"
130:E=R/(N+W/N)
140:IF E>A(31)PRINT " SEHR GUT!":END
150:IF E>A(32)PRINT " GUT!":END
160:IF E>A(33)PRINT " MAN KANN ZUFRIEDEN SEIN":END
170:IF E>A(34)PRINT " ES REICHT GERADE NOCH":END
180:IF E>A(35)PRINT " DU MUSST MEHR UEBEN! ":END
190:PRINT "DU MUSST NOCH VIEL UEBEN!":END

200:INPUT " ANZAHL DER AUFGABEN: ";N
210:INPUT " 1.FAKTOR,UNTERGRENZE:";A," OBERGRENZE:";B
220:INPUT " 2.FAKTOR,UNTERGRENZE:";C," OBERGRENZE:";D
230:LET A(31)=0.9,A(32)=0.8,A(33)=0.6,A(34)=0.4,A(35)=0.2
240:INPUT " NOTEN SELBER FESTLEGEN? ";U$:IF U$="JA"GOSUB "NOTEN"
250:END
260:"NOTEN"
270:FOR I=31TO 35
280:PAUSE I-30;"AB? "
290:INPUT " IN %  :";A(I):A(I)=A(I)/100
300:NEXT I
```

Erläuterungen:

Man startet mit *RUN 200,* um in bequemer Weise die Rahmenbedingungen für die anschlie-
ßende Übung festzusetzen. Indem beide Faktoren einzeln nach unten und oben begrenzt
werden können, kann man innerhalb des Einmaleins noch variieren: Soll etwa das 1 x 1
von 7 neu eingeübt werden, setzt man einfach C = D = 7. Setzt man hingegen A = C = 1
und B = D = 9, so werden die Aufgaben aus dem vollen Zahlenbereich genommen; will
man die einfacheren Aufgaben weglassen, setzt man A = C = 4 und B = D = 9. Man kann
auch das große 1 x 1 einstellen (A = C = 11, B = D = 19; Usingformat in Zeile 10 vergrö-
ßern!)

In Zeile 230 wird eine Standardzensierung vorbereitet; die Zuweisung von 0,8 auf Speicher
A(32) bedeutet z. B., daß für die Note „gut" 80 % der gestellten Aufgaben zu lösen sind.
Wer die Notenstufen anders setzen will, kann das gemäß Zeile 290 machen!

Das Kind startet die Übung mit *RUN* und bekommt zunächst mitgeteilt wieviel Aufgaben
es lösen soll (Die Speicher *R* und *W* zählen später die richtig gelösten Aufgaben und die
Wiederholungen, s.u.) In Zeile 40 und 50 werden die Faktoren *p* und *q* nach den
Methoden I und III von 8.2 gebildet, vgl. auch die Vorüberlegungen zu 8.4.

In Zeile 60 wird das Ergebnis der Aufgabe berechnet, auf *L* abgespeichert und kurz die
Nummer der Aufgabe angezeigt. Auch die eigentliche Aufgabe wird über die Pausenanweisung mitgeteilt; zur Eingabe des Ergebnisses läßt der Inputbefehl von Zeile 80 dem
Kind jedoch beliebig viel Zeit. Ist die Antwort falsch oder erfolgt keine Antwort, werden
die Anweisungen von Zeile 90 abgearbeitet, sonst wird der Inhalt von *R* um eins erhöht
und das *NEXT I* angesprungen. In Zeile 90 ertönt *k* mal das Beep-Signal (vgl. Zeilen 60/70);
ist k = 1 oder k = 2, so wird über Zeile 100 die Aufgabe erneut angezeigt. Erfolgt beim

drittenmal keine richtige Antwort, wird dem Kind von Rechner die richtige Antwort angezeigt.

Sind alle Aufgaben fertig, verläßt der Rechner die For-Schleife und schreitet zur ,,Beur-
teilung''. In Zeile 130 wird ein Quotient E gebildet, dessen Zähler die Anzahl der gelösten
Aufgaben enthält, während der Nenner außer der Gesamtzahl der Aufgaben noch in ange-
messener Weise die erforderlich gewesenen Wiederholungen berücksichtigt E wird dann
in die Notenskala eingeordnet und ein passender Kommentar ausgegeben.

Man kann das Programm leicht so erweitern, daß die übrigen Rechenarten mit einbezogen
werden, muß aber darauf achten, den Zeitablauf zwischen der Eingabe der Antwort (Zeile
80) und der Anzeige der neuen Aufgabe (Zeile 70) gering zu halten, sonst werden die Kinder ungeduldig. Für ältere Kinder ist das Programm ohnehin weniger geeignet, weil sie herausfinden könnten, wie leicht man mogeln kann: Statt das Ergebnis eigener Bemühungen
einzugeben, kann man einfach die gestellte Aufgabe eintippen! Der einzige Unterschied
zum normalen manuellen Rechnen besteht darin, daß das Ergebnis nicht angezeigt, sondern
nach S abgespeichert wird.

9 Probieren mit Methode

9.1 Methode der fortgesetzten Halbierung

(So enttarnt man den Zinssatz beim Ratenkauf!)

a) Mathematischer Hintergrund

Bei vielen praktischen Problemen stößt man auf Gleichungen, für die es kein spezielles Lösungsverfahren gibt. Beispiel:

Eine 5 m lange Leiter soll so an eine senkrechte Mauer gelehnt werden, daß sie auch an der Kante einer davor befindlichen Kiste mit dem Querschnitt eines 1-m-Quadrates anliegt (vgl. Skizze).

Frage: In welchem Abstand von der Mauer bzw. Kiste muß der Fuß der Leiter aufgesetzt werden?

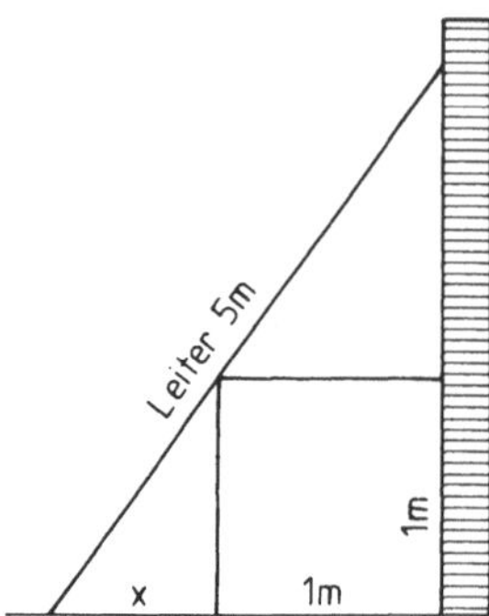

Gesucht ist also die Länge der Strecke x; wenn Sie dies nicht selber ausknobeln wollen, können Sie den Lösungshergang im Anhang nachschlagen, um sich davon zu überzeugen, daß man auf die Gleichung

$$x^4 + 2x^3 - 23x^2 + 2x + 1 = 0$$

kommt. Zur Lösung dieser Gleichung gibt es kein einfaches Rezept wie bei der quadratischen Gleichung, man ist daher auf Näherungsverfahren angewiesen. Im folgenden soll ein solches Verfahren vorgestellt werden, welches ohne „höhere Mathematik" (wie z. B. das Newtonverfahren) auskommt und auf der sog. *Methode der fortgesetzten Halbierung* beruht.

Durch kurzes Probieren findet man heraus, daß die Gleichung mit einem Wert zwischen 0 und 1 gelöst werden kann (für x = 0 wird der linke Term 1 und für x = 1 wird der linke Term $^-$17); am besten faßt man die Gleichung als Bedingung für die Nullstellen der zugeordneten Funktion mit

$$f(x) = x^4 + 2x^3 - 23x^2 + 2x + 1$$

auf, deren Verlauf im Bereich $0 \leqslant x \leqslant 1$ ganz grob etwa so aussieht:

Nach der Skizze müßte der Term für x = 0,5 negativ werden, folglich probiert man mit
0,25 weiter und so fort; man betrachte das folgende Flußdiagramm.

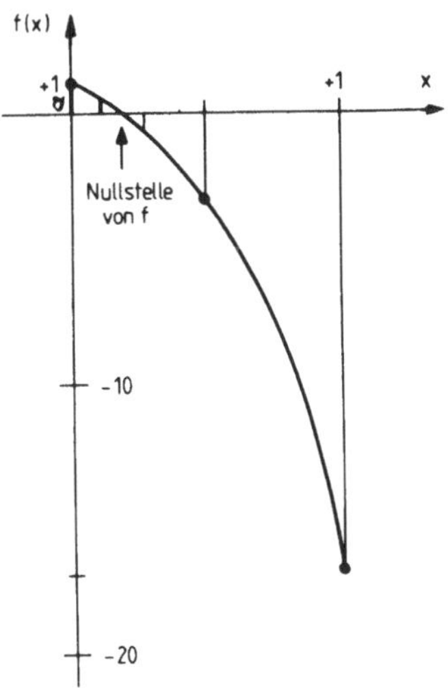

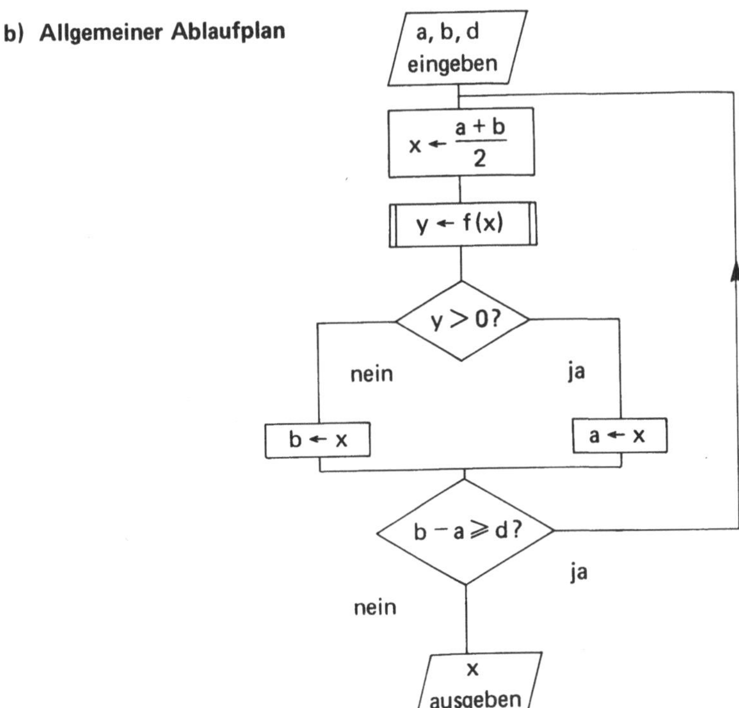

b) Allgemeiner Ablaufplan

„d" ist eine vorzugebende Genauigkeit, z. B. $d = 0,5 \cdot 10^{-8}$.

Der Ablaufplan setzt positives $f(a)$ und negatives $f(b)$ voraus; ist bei anderen Funktionen das Umgekehrte der Fall, braucht man nur die erste Abfrage umzukehren (Im übrigen kann man nur dann eine Lösung garantieren, wenn f über [a, b] stetig ist!)

Die Berechnung des Funktionswertes $f(x)$ wird zweckmäßig als Unterprogramm angelegt, damit man den Funktionsterm schnell auswechseln kann.

c) BASIC-Übersetzung

```
 10:INPUT " A=";A, " B=";B
 20:INPUT " WIEVIEL DEZIMALEN? ";N:LET Z=10^N,D=0.11/Z
 30:X=(A+B)/2
 40:GOSUB "F(X)"
 50:IF Y>0LET A=X:GOTO 70
 60:B=X
 70:IF B-A>=D GOTO 30
 80:X=X*Z:IF X-INT X>=0.5LET X=INT (X)+1
 90:X=INT X/Z:PRINT " X=";X
100:END

110:"F(X)"
120:Y=X*X*X*X+2X*X*X-23*X*X+2*X+1
130:RETURN
```

Erläuterungen:

Im Hinblick auf die zu erzielende Genauigkeit ist gegenüber dem allgemeinen Ablaufplan in den Zeilen 20, 80 und 90 einiges modifiziert worden. Der Benutzer gibt die Anzahl der gewünschten richtigen Nachkommastellen bekannt, worauf ein Rundungsfehler berücksichtigendes D vom Rechner ermittelt wird. In der Ausgabe werden dann nur die gewünschten Nachkommastellen angezeigt, wobei die letzte Dezimale gegebenenfalls aufgerundet ist. („^" steht für „hoch")

d) Testbeispiele

Für die oben gestellte Aufgabe erhält man nach 20 s x = 0,26 (N = 2) bzw. nach 64 s x = 0,26051835 (N = 8). Demnach müßte man die Leiter rund 26 cm von der Kiste entfernt aufstellen. Neues Problem:

Jemand will ein Auto zum Preis von 12600 DM erwerben; man schlägt ihm vor, 36 Monatsraten zu 499 DM zu zahlen. Welchem effektiven Zinssatz entspricht dies?

Zur Lösung des Problems ziehen wir die sogenannte nachschüssige Schuldentilgungsformel

$$R = S \cdot q^n \cdot \frac{q-1}{q^n-1}$$

heran; es bedeuten

R: Die konstante Rückzahlrate im betrachteten Zeitabschnitt, meist im Monat oder im Jahr

S: Die Anfangsschuld

q = 1 + p/100; p ist der Zinssatz bezüglich des zugrunde gelegten Zeitabschnittes

n: Anzahl der Zeitabschnitte, für die die Rate R zu zahlen ist.

Es gelingt nicht, innerhalb dieser Formel p bzw. q zu isolieren, deshalb bilden wir Term

$$f(q) = \frac{1 - q^{-n}}{q - 1} - \frac{S}{R}$$

Wenn dieser für ein gewisses q Null wird, ist q der gesuchte Zinssatz! Wir bringen S/R = 12600/499 und n = 36 vor Programmablauf auf zwei Speicher, auf die im Unterprogramm Bezug genommen wird. Mit a = 1.01 und b = 1.5 als Startwerten erhält man q = 1,0205862. Dies bedeutet einen *monatlichen* Zinssatz von rund 2 %; der Jahreszinssatz beträgt 24,7 %! (Zum Vergleich: Die vielfach übliche, aber unangemessene Rechnung 499 · 36 − 12600 = 5364; 5364 : 3 = 1788; 1788 : 12600 = 0,142 liefert mit 14,2 % einen viel zu geringen Wert!)

Weitere Testbeispiele

$f(x) = x^2 - 1{,}5\,x - 7$

$f(0) < 0$; $f(6) > 0$; daher $y < 0$

In der Anzeige erscheint

x = 3.515625 (bei N = 6)

Analog erhält man mit a = -6 und b = 0 die zweite Lösung (-2) der quadratischen Gleichung.

$f(x) = x - \sin x - 1$

$f(0) < 0$; $f(3) > 0$; daher $y < 0$

Lösung: $x \approx 1.934563$ (Einstellung des Bogenmaßes nicht vergessen!)

$f(x) = x^7 - 3^x$

Mit den Startwerten a = 2 und b = 0 erhält man $x \approx 1.208929$ und mit a = 2 und b = 20 $x \approx 18.638666$ (N = 6; zunächst $y < 0$).

9.2 Allgemeines Iterationsverfahren

a) Problemstellung

Stellen Sie Ihren Rechner auf Bogenmaß ein, und bringen Sie das Mini-Programm 10: X=COS X : PAUSE X : GOTO 10 zum Ablauf! Sie erhalten nach zunächst wechselnder Anzeige schließlich unveränderlich die Zahl 0,73908513, und zwar unabhängig davon, welche Zahl zu Beginn des Vorgangs im Register x stand!

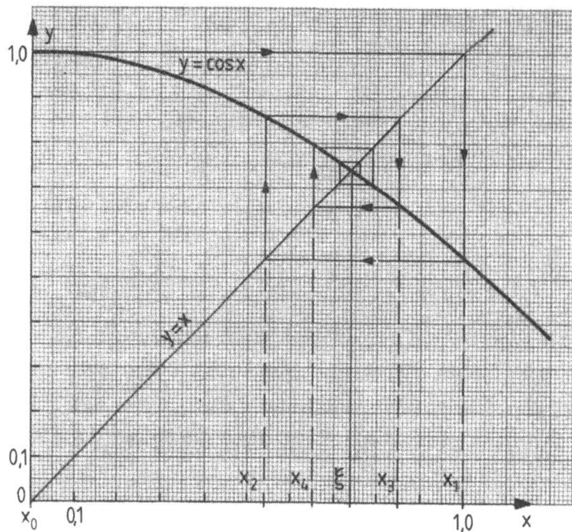

Wie die Skizze verdeutlicht, haben Sie sich soeben an die Lösung ξ der Gleichung

$$x = \cos x$$

herangetastet. Man könnte auch sagen, daß man den Grenzwert ξ der zugehörigen *Iterations-folge*

$$x_{n+1} = \cos x_n; \quad n = 0, 1, 2, \ldots$$

näherungsweise bestimmt hat, wobei es sich um einen weiteren Fall einer *rekursiv definierten Folge* handelt; in der Skizze ist der Startwert $x_0 = 0$. In der Datenverarbeitung würde man den Vorgang als Zuweisung innerhalb einer Wiederholungsschleife formulieren:

```
    ┌──────────────┐
┌───┤  x ← cos x   │  ▲
│   └──────────────┘  │
└─────────────────────┘
```

Verallgemeinert geht es um die Lösung einer Gleichung des Typs

$$x = f(x);$$

wie man sich anhand vergleichbarer Skizzen klarmachen kann, gelingt das Verfahren nur bei solchen Funktionen f, deren Graphen in einer Umgebung von ξ eine Steigung aufweisen, die betragsmäßig unter 1 bleibt (siehe Anhang).

Oft muß man die vorgelegte Gleichung erst in eine *iterationsfähige* Form bringen;

$$x^2 + 2x - \cos x = 0$$

z. B. führt man auf die naheliegenden Ansätze

$$x \leftarrow (\cos x - x^2)/2 \quad \text{oder}$$

$$x \leftarrow \cos x/(x + 2)$$

Wir stellen ein Programm für das soeben beschriebene *allgemeine Iterationsverfahren* vor, in dem die Schleifendurchgänge gezählt werden und das Verfahren abgebrochen wird, sobald sich zwei aufeinanderfolgende x-Werte um weniger als die vorzugebende Zahl d unterscheiden.

b) Allgemeiner Ablaufplan

Anfang des Programms

1. *Eingabe* des Startwertes x und der Genauigkeit d
   k ← 0 (Zähler)

2. *Wiederhole*
$$\left[\begin{array}{l} k \leftarrow k + 1 \\ a \leftarrow x \\ f(x) \text{ im } \textit{U.P.} \text{ berechnen} \\ x \leftarrow f(x) \end{array}\right.$$
   bis $|x - a| < d$

3. *Ausgabe* von k und x

Ende des Programms

c) BASIC-Übersetzung

```
 10:INPUT " STARTWERT: ";X
 20:INPUT " WIEVIEL DEZIMALEN? ";N
 30:LET K=0,Z=10^N,D=0.11/Z
 40:LET K=K+1,A=X
 50:GOSUB "F(X)"
 60:X=Y:IF ABS (X-A)>=DTHEN 40
 65:X=INT (X*Z)/Z
 70:PRINT K; "WERT: X=";X
 80:END
 90:"F(X)"
100:Y=SIN X+1
110:RETURN
```

Anmerkung

Genauigkeit und Ausgabeformat wurden wie in 9.1 beschrieben aufeinander abgestimmt.

d) Testaufgabe

Wie tief sinkt eine Bleikugel in Quecksilber ein?

Jeder Körper sinkt solange in eine Flüssigkeit ein, bis sein Gewicht gleich dem der verdrängten Flüssigkeit ist (Prinzip des Archimedes!).

Ist r der Radius der Kugel und $\gamma_k = 11{,}4$ das spezifische Gewicht von Blei, so ergibt sich das Gewicht der Bleikugel zu

$$\gamma_k \cdot V_k = 11{,}4 \, \frac{4}{3} \, \pi \, r^3$$

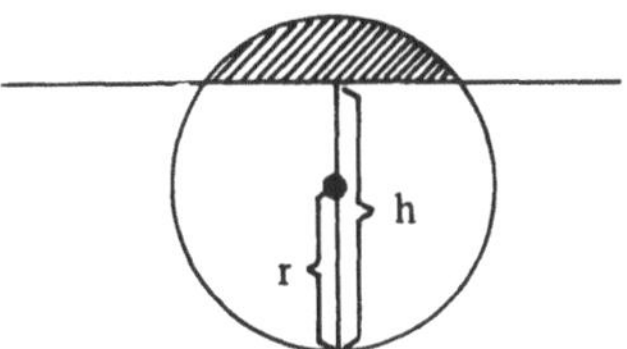

Andererseits hat eine Kugelkappe der Eintauchtiefe h das Volumen

$$V_{fl} = \frac{\pi}{3} h^2 \cdot (3r - h)$$

wie man der Formelsammlung entnehmen kann. Unter Beachtung der Wichte des Quecksilbers von $\gamma_{fl} = 13{,}6$ gelangt man zu der Gleichung

$$11{,}4 \cdot \frac{4}{3} \pi r^3 = 13{,}6 \frac{\pi}{3} \cdot h^2 \, (3r - h)$$

Es bedeutet keine Einschränkung, $r = 1$ zu setzen, dann ergibt sich

$$11{,}4 \cdot 4 = 13{,}6 \cdot h^2 \, (3 - h)$$

oder

$$\frac{11{,}4 \cdot 4}{13{,}6} = 3 \cdot h^2 - h^3$$

und nach Division durch $3h$

$$\frac{45{,}6}{40{,}8 \cdot h} = h - \frac{h^2}{3} \quad \text{bzw.} \quad x = \frac{45{,}6}{40{,}8} \cdot \frac{1}{x} + \frac{x^2}{3}$$

als iterierfähige Form. Mit $x_0 = 1$ als Startwert erhält man

$$x_1 = 1{,}450980392 \qquad x_2 = 1{,}472051636 \qquad x_3 = 1{,}481556472$$

usw.; ab x_8 ändert sich die zweite Dezimale nicht mehr und ab x_{27} *steht* die Iteration mit 1,490258926. Teilt man durch 2 (Durchmesser), dann bekommt man als relative Eintauchtiefe der Kugel rd. 74,5 %.

Weitere Testbeispiele

1. $x^2 + 2x - \cos x = 0$

1.1. $x = (\cos x - x^2)/2; \; x_0 = 0; \; N = 5$ Ergebnis: 0,38772 bei $k = 24$

1.2. $x = \cos x/(x + 2); \; x_0 = 0; \; N = 5$ Ergebnis: 0,38772 bei $k = 13$

2. $x^2 - \ln x - 3 = 0$

2.1 $x = \sqrt{\ln x + 3}; \qquad x_0 = 1; \; N = 5$ Ergebnis: 1,90969 bei $k = 8$

2.2. $x = e^{x^2 - 3}; \qquad\quad x_0 = 1; \; N = 5$ Ergebnis: 0,04991 bei $k = 5$

3. $x^4 + 2x^3 - 23x^2 + 2x + 1 = 0$ (Die Gleichung aus der „Leiteraufgabe" von 9.1)

     $x = \sqrt{(x^4 + 2x^3 + 2x + 1)/23}; x_0 = 1; \; N = 8$ Ergebnis: 0,260518 bei $k = 15$

4. $x = \sin x + 1; x_0 = 1; N = 8$ Ergebnis: 1,93456321 bei $k = 20$

9.3 Gleichungen dritten Grades

a) Mathematischer Hintergrund

Unter einer Gleichung dritten Grades versteht man bekanntlich jeden Repräsentanten der Form

$$ax^3 + bx^2 + cx + d = 0$$

mit reellen Konstanten a, b, c, d. Im Gegensatz zur Gleichung zweiten Grades existiert immer mindestens eine Lösung, was man am einfachsten dadurch einsieht, daß die zugeordnete ganzrationale Funktion

$$f(x) = ax^3 + bx^2 + cx + d$$

mindestens eine Nullstelle besitzt. (Für betragsgroße x dominiert ax^3, d.h. f nimmt sicherlich positive und negative Werte an; weil f stetig ist, muß der Graph von f die x-Achse schneiden, d.h. es gibt ein x_1 mit $f(x_1) = 0$ bzw. $ax_1^3 + bx_1^2 + cx_1 + d = 0$.)
Eventuell vorhandene weitere Lösungen bekommt man nun durch die Division

$$(ax^3 + bx^2 + cx + d) : (x - x_1) = ax^2 + Bx + C$$

genau dann, wenn die zu dem rechts entstehenden Term gehörende quadratische Gleichung

$$ax^2 + Bx + C = 0$$

Lösungen besitzt. Zum besseren Verständnis rechnen wir ein Beispiel konkret durch. Vorgelegt sei die Gleichung $3x^3 - 9x^2 - 18x + 24 = 0$. Man sieht nach kurzem Probieren, daß $x_1 = 1$ eine Lösung dieser Gleichung ist. Folglich rechnet man weiter

$$
\begin{array}{l}
(3x^3 - 9x^2 - 18x + 24) : (x - 1) = 3x^2 - 6x - 24 \\
\underline{-3x^3 + 3x^2} \\
\quad\; -6x^2 - 18x + 24 \\
\quad\; \underline{+6x^2 - \;\,6x} \\
\qquad\qquad -24x + 24 \\
\qquad\qquad \underline{+24x - 24} \\
\qquad\qquad\qquad\quad 0
\end{array}
$$

(Sog. *Division algebraischer Summen*) Probe: $(3x^2 - 6x - 24)(x - 1) = 3x^3 - 9x^2 - 18x + 24$. Die Gleichung $3x^2 - 6x - 24 = 0$ besitzt aber die Lösungen $x_2 = 4$ und $x_3 = -2$, vgl. 2.4.3. Somit hat die Gleichung 3. Grades die Lösungsmenge

$$\{1, 4, -2\}.$$

Unser Computerprogramm besteht somit aus drei Teilen. Im ersten Teil wird die sicherlich vorhandene Lösung systematisch gesucht, wobei wir uns der in 9.1 besprochenen Methode der fortgesetzen Halbierung bedienen. Ist diese gefunden, erfolgt im zweiten Teil die Reduzierung auf den quadratischen Term, wie gerade gezeigt. Die ermittelte quadratische Gleichung wird im dritten Teil des Programms dem Verfahren von 2.4.3 unterworfen, um mögliche weitere Lösungen zu finden.

b) Allgemeiner Ablaufplan

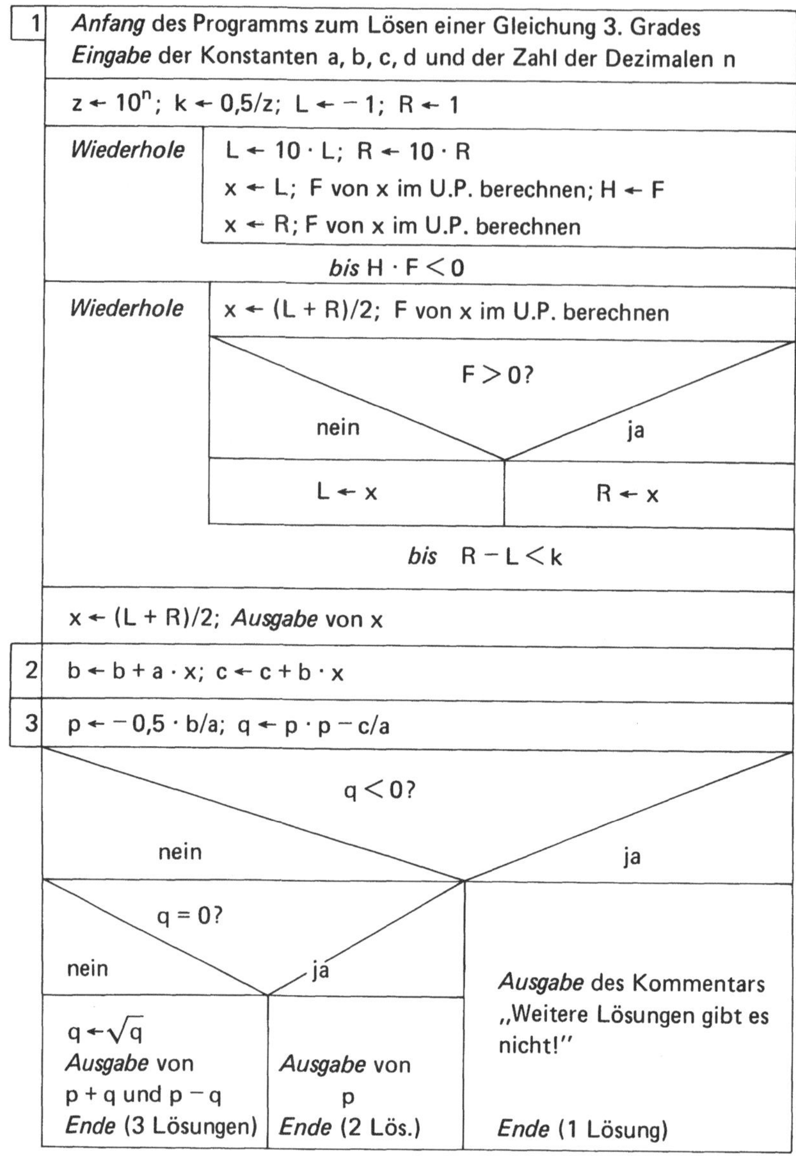

Erläuterungen:

Wir können $a > 0$ voraussetzen, sonst multiplizieren wir vorher die ganze Gleichung mit „−1".

Bei der Suche nach der ersten Lösung gehen wir standardmäßig vom Intervall $L = -10$, $R = +10$ aus und prüfen anhand des Produktes $f(L) \cdot f(R)$ oder $H \cdot F$, ob die Funktionswerte an den Intervallgrenzen unterschiedliche Vorzeichen aufweisen, also die Nullstelle schon im Intervall [L, R] zu finden ist. Ist das nicht der Fall, werden die Intervallgrenzen um den Faktor 10 vergrößert und dasselbe beginnt von vorn. Auf diese Weise wird — innerhalb der Kapazitätsgrenzen des Rechners — jede Nullstelle früher oder später eingefangen sein!

Im nächsten Wiederholungsblock wird durch fortgesetzte Halbierung des Intervalls L, R der Freiraum $R - L$ der Nullstelle immer weiter eingeengt, bis die gewünschte Genauigkeit k erreicht ist. (F ist ein Speicher, der im U.P $f(x)$ aufnimmt).

Die Reduzierung auf den quadratischen Term (2. Teil des Programms) ist verblüffend einfach.

Der Leser möge sich selbst davon überzeugen, daß die Übertragung des Divisionsverfahrens vom konkreten Beispiel auf $(ax^3 + bx^2 + cx + d) : (x - x_1)$ den Term $ax^2 + (b + ax_1) x + c + (b + ax_1) x_1$ zur Folge hat! Im Sinne der Vorüberlegungen wäre $B = b + ax_1$ und $C = c + (b + ax_1) x_1$; die von uns gewählten Zuweisungen machen für B und C neue Speicher überflüssig.

Die Untersuchung der quadratischen Gleichung im Teil 3 verläuft im wesentlichen analog 2.4.3.

c) BASIC-Übersetzung

```
 1     10:INPUT " WIEVIEL DEZIMALEN ? ";N
        20:PAUSE " KONSTANTEN EINGEBEN! "
        30:INPUT " A=";A," B=";B," C=";C," D=";D
        40:Z=10^N:K=.11/Z:I=0:L=-1:R=1
        50:L=10*L:R=10*R
        60:X=L:GOSUB 200
        70:H=F:X=R:GOSUB 200
        80:IF H*F>=0THEN 50

        90:X=(L+R)/2:GOSUB 200
       100:IF F>0LET R=X:GOTO 120
       110:L=X
       120:IF R-L>=KTHEN 90
       130:X=(L+R)/2:GOSUB 210
 2     140:B=B+A*X:C=C+B*X
 3     150:P=-.5*B/A:Q=P*P-C/A: IF Q<0THEN 180
       160:IF Q<KLET X=P:GOSUB 210:GOTO 190
       170:Q=√Q:X=P+Q:GOSUB 210:X=P-Q:GOSUB 210:END
       180:IF Q>-KLET X=P:GOSUB 210
       190:PRINT " MEHR GIBT ES NICHT !":END

 UP    200:F=A*X*X*X+B*X*X+C*X+D:RETURN
 UP    210:I=I+1:X=X*Z:IF X-INT (X)>=.5LET X=INT (X)+1
       220:X=INT (X)/Z:PRINT " ";I;"LOESUNG: ";X:RETURN
```

Erläuterungen:

Zwecks Einkalkulierung von Rundungsfehlern wurde der Faktor bei k wieder 0,11 statt 0,5 gesetzt (Zeile 40); die Formatanpassung wurde unter Einschluß der Printanweisung als Unterprogramm formuliert. Im übrigen vergl. zu Zeilen 210, 220 9.1.c).

Neu gegenüber dem allgemeinen Plan sind auch Zeilen 160 und 180. Die rein mathematisch klare Fragestellung, ob der Radikand q gleich Null oder kleiner Null ist, läßt sich nicht ohne weiteres an den Rechner weitergeben, weil z. B. bei einem 10-stelligen Rechenregister ohnehin jede positive Zahl unterhalb von 10^{-11} und jede negative Zahl oberhalb von -10^{-11} für Null gehalten wird. Erschwerend kommt hinzu, daß andererseits durch Rundungsfehler anstelle des exakten Ergebnisses Null etwa $-7 \cdot 10^{-8}$ herauskommen kann. Ohne die in den Zeilen 160 und 180 vorgenommene Korrektur warten Sie z. B. vergeblich auf die zweite Lösung der fünften Testgleichung!

Nach diesen Vorsichtsmaßnahmen bekommen Sie zu fast allen kubischen Gleichungen vernünftige Näherungslösungen. Man muß in diesem Zusammenhang auch bedenken, daß die theoretische Behandlung ziemlich kompliziert ist und die Mathematiker lange beschäftigt hat. *G. Cardano* veröffentlichte 1545 seine berühmten Formeln dazu, wobei zunächst unklar blieb, wie im sog. *casus irreducibilis* die doch sicher vorhandene reelle Lösung durch Radizieren von negativen Zahlen gewonnen werden könnte. Erst *Vieta* fand später einen Weg durch Benutzung der Polarform komplexer Zahlen! Im Vergleich dazu braucht man zum Verständnis des Näherungsverfahrens nur elementare Kenntnisse.

d) Testbeispiele

$x^3 - x + 7 = 0$;	$N = 7$;	$x = -2,0867453$
$x^3 - 27x + 29 = 0$;	$N = 1$;	$x_1 = 4,5 \quad x_2 = 1,1 \quad x_3 = -5,7$
$2x^3 + 3x^2 + 3x + 1 = 0$;	$N = 1$;	$x = -0,5$
$x^3 - 3x^2 + x + 1 = 0$;	$N = 4$;	$x_1 = 1 \quad x_2 = 2,4142 \quad x_3 = -0,4142$
$x^3 - 4x^2 + 5x - 2 = 0$;	$N = 8$;	$x_1 = 1 \quad x_2 = 2$

9.4 Iteration von Gleichungssystemen (Gesamt- und Einzelschrittverfahren)

a) Mathematischer Hintergrund

Unter gewissen Voraussetzungen läßt sich das in 9.2 schon besprochene Verfahren auch zur Lösung von Gleichungs*systemen* heranziehen; man nehme als Beispiel

$$256 - 3y + 5z = 277$$

$$-4x + 518y + 2z = -1034$$

$$7x - 12y + 870z = 2641$$

und löse die 1., 2., 3. Gleichung nach x, y, z auf:

$$x = \frac{1}{256} (277 + 3y - 5z)$$

$$y = \frac{1}{518} (-1034 + 4x - 2z)$$

$$z = \frac{1}{870} (2641 - 7x + 12y)$$

Wenn man die Variablen der rechten Seite mit Nullen belegt, erhält man

$$x = \frac{277}{256} \approx 1{,}08203125$$

$$y = \frac{-1034}{518} \approx -1{,}99950413$$

$$z = \frac{2641}{870} \approx 2{,}999393234$$

Daß diese Werte jetzt schon so nahe der Lösung $(1, -2, 3)$ sind, ist eine Folge davon, daß die Koeffizienten auf der *Hauptdiagonalen* die restlichen um ein Vielfaches übertreffen.

Setzen wir die neuen Werte in die Gleichungen der rechten Seite ein, erhalten wir

$$x = 1{,}000017662 \quad y = -2{,}0000026821 \quad z = 3{,}000012075$$

Die Konvergenz scheint offensichtlich!

Es ist plausibel, daß das Verfahren gegen den Lösungsvektor konvergiert, falls es überhaupt konvergiert. Weiterhin leuchtet ein, daß eine Konvergenz zu erwarten ist, wenn — gegebenenfalls durch Umstellen von Gleichungen — die Glieder der Hauptdiagonalen betragsmäßig „hinreichend" größer als die anderen sind.

Was bedeutet aber „hinreichend" im konkreten Fall? Auskunft darüber gibt das sogenannte *Zeilensummenkriterium* (gültig für n Gleichungen mit n Variablen):

Wenn in jeder Gleichung (= Zeile) das Diagonalelement betragsmäßig größer als die Summe der Beträge der restlichen Koeffizienten ist, dann konvergiert das Iterationsverfahren mit beliebigen Startwerten.

Einen Beweis, der sich u.a. auf den allgemeinen Kontraktionssatz, den R^n als vollständigmetrischen Raum und den Matrizenkalkül stützt, findet der Leser in [6], S. 88 ff. Speziell für $n = 2$ ist der Beweis natürlich einfacher zu führen, s. PdN-Ph. 4/82.

Man unterscheidet bei diesem Verfahren noch die beiden Varianten *Gesamtschrittverfahren* und *Einzelschrittverfahren*.

Ersteres haben wir oben angewandt; es ist dadurch gekennzeichnet, daß *ein* Wertetripel in die rechten Seiten der 3 (n) Gleichungen eingesetzt wird, während bei letzterem das neue x aus der ersten Gleichung bereits in der rechten Seite der zweiten Gleichung verwertet wird und zusammen mit dem neuen y aus der zweiten Gleichung auch in der rechten Seite der dritten Gleichung usw.

Im folgenden Ablaufplan ist das Gesamtschrittverfahren dargestellt; denkt man sich die Hochkommata und die letzten Zuweisungen weg, so hat man das Einzelschrittverfahren vor sich.

b) Allgemeiner Ablaufplan

Eingabe von $a_1, b_1, c_1, d_1, a_2, b_2, c_2, d_2, a_3, b_3, c_3, d_3$

Wiederhole
$$\begin{Vmatrix} x' \leftarrow 1/a_1 \cdot (d_1 - b_1 y - c_1 z); & \text{Ausgabe von } x' \\ y' \leftarrow 1/b_2 \cdot (d_2 - a_2 x - c_2 z); & \text{Ausgabe von } y' \\ z' \leftarrow 1/c_3 \cdot (d_3 - a_3 x - b_3 y); & \text{Ausgabe von } z \\ x \leftarrow x'; \; y \leftarrow y' & \end{Vmatrix}$$

Die Benennung der Konstanten erfolgte wie in Abschnitt 2.4.4. Während der Rechenaufwand des Gaußschen Eliminationsverfahrens proportional zu n^3 wächst, ist hier nur eine quadratische Abhängigkeit von n festzustellen, d. h. bei 100 Gleichungen mit 100 Variablen beispielsweise bringt das Iterationsverfahren die Lösung in kürzerer Zeit, außerdem verhält es sich gegenüber Rundungsfehlern selbstkorrigierend!

Bei Systemen von *transzendenten* Gleichungen stellt ein entsprechendes Iterationsverfahren überhaupt die einzige Lösungsmöglichkeit dar!

Erläuterungen:

Das vorliegende Programm erlaubt die Anwendung des Einzelschrittverfahrens auf Systeme mit maximal neun Gleichungen bzw. Variablen. Es ist in drei Blöcke unterteilt:

Zeile   10 bis 190 — Eingabe der Koeffizienten und Konstanten
Zeile 200 bis 270 — Verarbeitung der Daten
Zeile 280 bis 330 — Ausgabe der Lösung

Für die E^2 Koeffizienten sind die Speicherzellen A(11), A(12), ... , A(10 + E); A(21), A(22), ... , A(20 + E); usw. bis A(E · 10 + 1), A(E · 10 + 2), ... , A(E · 10 + E) = A(E · 11) vorgesehen. Die E Konstanten der rechten Seite werden auf A(10) bis A(E · 10) abgespeichert; zur Orientierung das zugrundeliegende mathematische Schema für E = 9:

$$a_{11}x_1 + a_{12}x_2 + a_{13}x_3 + ... + a_{19}x_9 = a_{10}$$

$$a_{21}x_1 + a_{22}x_2 + a_{23}x_3 + ... + a_{29}x_9 = a_{20}$$

usw. bis

$$a_{91}x_1 + a_{92}x_2 + a_{93}x_3 + ... + a_{99}x_9 = a_{90}$$

Für x_1 bis x_9 stehen A(101) bis A(109) bereit.

c) BASIC-Übersetzung

```
 10:INPUT "⌴ANZAHL DER GLEICHUNGEN:";E
 20:INPUT "⌴WIEVIEL DEZIMALEN?⌴";A
 30:LET B=10^A,H=0.11/B,G=1,A=0:USING "###"
 40:FOR I=1TO E
 50:A(100+I)=0
 60:NEXT I
 70:FOR I=1TO E
 80:FOR C=1TO E
 90:D=10*I+C
100:PAUSE ⌴ A(";D;")⌴
110:INPUT A(D)
120:NEXT C
130:NEXT I
140:FOR I=1TO E
150:D=I*10
160:PAUSE "A(";D;")=⌴
170:INPUT A(D)
180:NEXT I
190:USING :REM " ENDE DER EINGABE"
```

```
200:FOR I=1TO E
210:F=0:REM "SUBTRAHENDEN SAMMELN"
220:FOR C=1TO E
230:IF C<>[LET F=F+A(10*I+C)*A(100+C)
240:NEXT C
250:A(100+I)=1/A(11*I)*(A(10*I)-F):REM "SUBTRAKTION"
260:NEXT I
270:IF ABS (A-A(101))>HLET A=A(101):G=G+1:GOTO 200
280:PRINT " NACHDEM ␣";G;"DURCHGANG:"
290:FOR I=1TO E
300:A=A(100+I)*B:IF A-INT A>=0.5LET A=INT (A)+1
310:A=INT (A)/B:PRINT " X";USING"###";I;" = ␣␣␣␣";USING ;A
320:NEXT I
330:END
```

Auf diese Weise bleiben von den 26 Basisspeichern noch die ersten neun unter den Namen
A bis I zur anderweitigen Verwendung frei. A(27) bis A(109), d. h. 83 Speicher gehen also
zu Lasten des Programms; die MEM-Abfrage weist nach Eintippen des Programms 108 freie
Speicher aus, es sind demnach keine Überlappungen zu befürchten! Da der PC-1212 keine
zweidimensionale Speicherindizierung erlaubt, wurde der vorhandene eine Index mit Hilfe
der Variablen I und C quasi zweidimensional gesteuert, s. Zeilen 90, 110.

In Zeile 40 bis 60 werden die Variablen $x_1, x_2, \dots$ mit dem Anfangswert Null versehen.

Für die eigentliche Iteration sind zwei ineinandergeschachtelte For-Schleifen verwandt worden. In der inneren Schleife (Zähler C) werden auf einem Hilfsspeicher F alle abzuziehen-
den Terme $a_{ij}x_k$ gesammelt und später auf einmal subtrahiert. Die äußere Schleife (Zähler I)
arbeitet eine Gleichung nach der anderen ab; ist die letzte Gleichung verarbeitet, wird mittels
eines GOTO-Sprungs der ganze Vorgang wiederholt, falls die Differenz zweier aufeinanderfolgender x_1-Werte eine Konstante H überschreitet. G zählt die Iterationen; zur Bedeutung
von H (Zeile 30) und des Ausgabeformats (Zeile 300, 310) vgl. 9.1.c)

d) Testbeispiele

Nach Eingabe der Daten des Einführungsbeispiels und der Forderung nach acht Dezimalen
erscheint nach ca. 40 Sekunden in der Anzeige

NACH DEM 5. DURCHGANG:

X 1 =   1.
X 2 = −2.
X 3 =   3

(zwischendurch Enter-Taste drücken)

Neues Beispiel:

$5x + 3y − 2z = 9$
$\;x + 7y + 2z = 9$
$2x − \;y + 4z = −27$ (3 Dezimalen)

NACH DEM 11. DURCHGANG:

$X\,1 = -2$

$X\,2 = 3$

$X\,3 = -5$

Daß das o. a. Zeilensummekriterium nur hinreichend, aber nicht notwendig ist, zeigt unser nächstes Beispiel:

$2x - y - z = 6$

$x + 3y + 2z = -1$

$3x + 4y + 3z = 1$ (8 Dezimalen)

NACH DEM 101. DURCHGANG:

$X\,1 = 2.00000001$

$X\,2 = 0.99999995$

$X\,3 = -2.99999993$

Hier muß man etwas Geduld aufbringen, weil der Rechner pro Iteration bei 3,3-Systemen 9 Sekunden benötigt (2,2-System: 5 s; 4,4-System: 15 s; ein Ergebnis, welches wesentlich von der Anzahl der For-Schleifen-Durchgänge bestimmt wird).

Unser letztes Beispiel stammt aus der Elektrizitätslehre. Für die Teilspannungen U_1 bis U_4 eines Netzwerks hat man folgende Beziehungen herausgefunden:

$U_1 = -4U_3 - 2U_4$

$U_2 = 4U_4 - U_3$

$U_3 = 4U_1 - 2U_2 - 40\,V$

$U_4 = 4U_2 - 2U_1 - 60\,V$

Wie man nach leichten Umformungen erkennt, ist dieses System auch in der Gestalt

$1 \cdot x_1 - 0{,}5 \cdot x_2 - 0{,}25 \cdot x_3 + 0 \cdot x_4 = 10$

$-0{,}5x_1 + 1 \cdot x_2 + 0 \cdot x_3 - 0{,}25x_4 = 15$

$-0{,}25x_1 + 0 \cdot x_2 - 1 \cdot x_3 - 0{,}5x_4 = 0$

$0 \cdot x_1 - 0{,}25x_2 - 0{,}25x_3 + 1 \cdot x_4 = 0$

darstellbar. Nach Eingabe der Werte und Forderung von 2 Dezimalen ergibt sich

NACH DEM 8. DURCHGANG

$X\,1 = 21.54\ (U_1 = 21{,}54\ \text{Volt})$

$X\,2 = 26.97$

$X\,3 = -7.78$

$X\,4 = 4.8$

In der Praxis findet man umfangreiche *schwach besetzte* Systeme dieser Art, die sich iterat schneller lösen lassen als mit dem Gaußverfahren.

10 Die Kaninchen des Signore Fibonacci und andere Aspekte der numerischen Analysis

10.1 Rekursive Folgen

Etwa im Jahre 1200 stellte ein gewisser Fibonacci (filius Bonacci, Sohn des Bonacci) folgende Aufgabe: (hier verkürzt wiedergegeben).

„Jemand sperrt ein Kaninchenpaar in ein allseitig ummauertes Gehege, um zu erfahren, wieviel Nachkommen dieses eine Paar im Laufe eines Jahres haben wird. Es wird dabei vorausgesetzt, jedes Paar bringe monatlich ein neues Paar zur Welt, und die Kaninchen würden vom zweiten Monat nach ihrer Geburt an gebären. Da das erste Paar noch im ersten Monat Nachkommen hat, sind in diesem Monat zwei Paare vorhanden. ..."

Wenn man die Anzahl der Kaninchenpaare mit a_n bezeichnet, wobei der Index n die Monate durchnumeriert, ist $a_0 = 1$; $a_1 = 2$; $a_2 = 3$; gefragt sind jetzt a_3 (Anzahl der Paare im dritten Monat), a_4, a_5 usw. bis a_{12}. Man findet nun $a_3 = 5$ (weil sowohl das erste als (mittlerweile auch) das zweite Paar im 3. Monat Nachkommen gebären) und weiter $a_4 = 8$, $a_5 = 13$, ... ; eine sog. *rekursive Definition* für die Vorgänge ist

$$a_0 = 1; a_1 = 2; a_n = a_{n-1} + a_{n-2} \text{ für } n > 1$$

Dies kann man unmittelbar in ein kleines Basicprogramm umsetzen

```
10: LET A=B+C, C=B, B=A:PAUSE A:GOTO 10
```

dessen Ablauf man die *Fibonacci-Folge*

3,5,8,13,21,34,55,89,144,233,377,610, ... , 987,1597, ... , 7778742049, ...

entnehmen kann (B ← 2; C ← 1; im 12. Monat gibt es demnach 377 Nachkommen.

Die zugehörige Quotientenfolge $q_n := a_n/a_{n-1}$ liefert mit wachsendem n in der Anzeige die Zahl 1,618033989 als Näherungswert von $1 + \sqrt{5}/2$, dem philosophiegeschichtlich bedeutsamen *Goldenen Schnitt*.

Auch zur Fibonaccifolge selbst gibt es interessante Querverbindungen, wie beispielsweise die bekannte „Flächenverwandlung" aus der Unterhaltungsmathematik
(aus dem 64 cm^2-Quadrat wird ein 65 cm^2-„Rechteck").

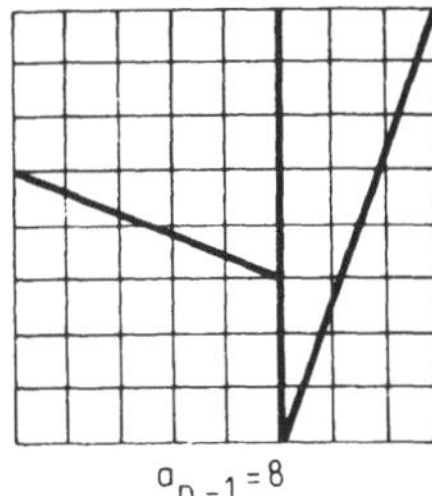

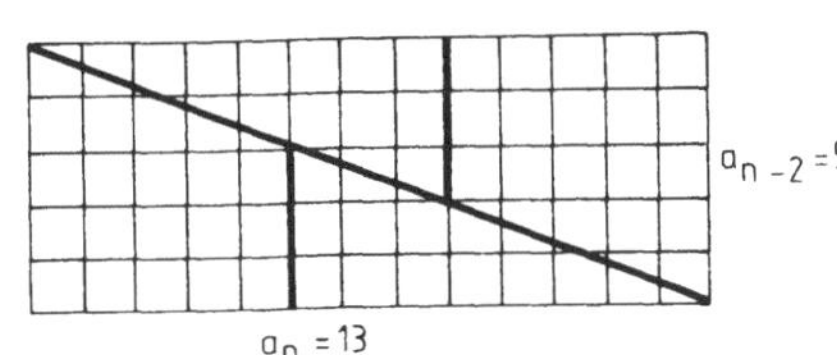

Wenn man als Quadratseitenlänge nämlich eine Zahl mit *geradem* Index nimmt (als Recht-eckseitenlängen dienen dann Vorgänger und Nachfolger), kann man das Rätsel auch analy-tisch schnell klären (siehe Anhang).

Die Quotientenfolge zu den beiden rekursiv definierten Folgen

$$a_{n+1} = a_n^2 - 2 \quad \text{und} \quad b_{n+1} = b_n \cdot a_n; \, n \geqslant 2;$$

strebt mit wachsendem n gegen $\sqrt{z}$, wenn $a_1 \geqslant 3$ und $b_1 \geqslant 1$ der Beziehung

$$a_1^2 - b_1^2 \cdot z = 4 \quad (Pellsche \ Gleichung)$$

genügt.

Für $z = 2$, $a_1 = 6$ und $b_1 = 4$ erhält man z. B. die Quotientenfolge 1,5, 1,416666667; 1,414215686; 1,414213562; ...

Die zugehörigen Programme erfordern nur wenige Schritte und bieten keine Schwierigkeiten.

10.2 Der Reinfall mit der harmonischen Reihe

Auch bei praktischen Konvergenzuntersuchungen von Reihen muß man mit dem einfachen Taschenrechner bald passen, während der programmierbare Rechner oft Hinweise auf den vorhandenen Grenzwert gibt:

$$1 + \frac{1}{2} + \frac{1}{4} + \frac{1}{8} + \frac{1}{16} + \frac{1}{32} + \frac{1}{64} + \dots \quad (geometrische \ Reihe)$$

liefert mit den ersten 31 Summanden eine „2" in der Anzeige des PC-1212.
Die *harmonische Reihe*

$$1 + \frac{1}{2} + \frac{1}{3} + \frac{1}{4} + \frac{1}{5} + \frac{1}{6} + \frac{1}{7} + \dots$$

mahnt indes zur Vorsicht; sie divergiert ja ins Unendliche, was einem der Computer aber nicht verrät, denn die ersten Tausend Glieder summieren sich erst zu 7,4854708; mit 12700 Gliedern ist man erst knapp über 10. Hierfür sind nicht etwa maschinelle Rundungs-fehler verantwortlich, denn die Fehler bei der Kehrwertbildung und anschließender Addi-tion liegen in der Größenordnung 10^{-9} bis 10^{-12} je nach Rechnertyp und können sich im ungünstigsten Fall zu 10^{-9} mal 10^4 gleich 10^{-5} addieren (bei rund 10000 Summanden)! Das „Versagen" des Computers ist vielmehr eine Folge der *schwachen* Divergenz der harmo-nischen Reihe in Verbindung mit der Beschränkung auf 8 oder 10 signifikante Stellen im Rechenwerk: die Glieder mit einem Index jenseits von 10^8 oder 10^{10} werden bei der Addi-tion nicht mehr berücksichtigt! Gerade dieser noch folgende „unendliche Rest" ist aber maßgebend, denn die ersten 10^{10} Summanden bringen nur rund „23", wie man aufgrund der Beziehung

$$\lim_{n \to \infty} \left(1 + \frac{1}{2} + \frac{1}{3} + \frac{1}{4} + \frac{1}{5} + \frac{1}{6} + \frac{1}{7} + \dots + \frac{1}{n} - \ln n\right) = C$$

erkennt, wobei die *Eulersche Konstante* C den Näherungswert 0,577216 hat. (Umgekehrt kann man auch C mit der harmonischen Reihe approximieren, für n = 1000 ergibt sich

$$7,4854708 - \ln 1000 = 7,4854708 - 6,9077553 = 0,5777155.$$

Es ist übrigens noch nicht entschieden, ob C irrational ist.)

Sinnvoll wird der Einsatz eines Computers vor allem dann sein, wenn die Existenz des Grenzwertes schon bewiesen wurde, aber der tatsächliche Wert lästig zu berechnen wäre und andererseits die Konvergenz nicht zu schwach ist — sonst hat man wieder die gerade erörterte Situation!

Beispiel:

$$\sum_{k=1}^{\infty} \frac{k^k}{(k!)^2}$$

Der Rechner brachte die Näherung 3,5481283; man beachte bei der Programmerstellung $(41!)^2 > 10^{99}$

10.3 Tabellierung von Funktionen: Eine Alternative zur „Kurvendiskussion"?

Zum traditionellen Lehrstoff der Schulen gehören die sogenannten Kurvendiskussionen.
Besitzt der Schüler einen programmierbaren Taschenrechner, so kann er zum Beispiel folgendes Programm zur Durchführung bringen:

a) Allgemeiner Ablaufplan

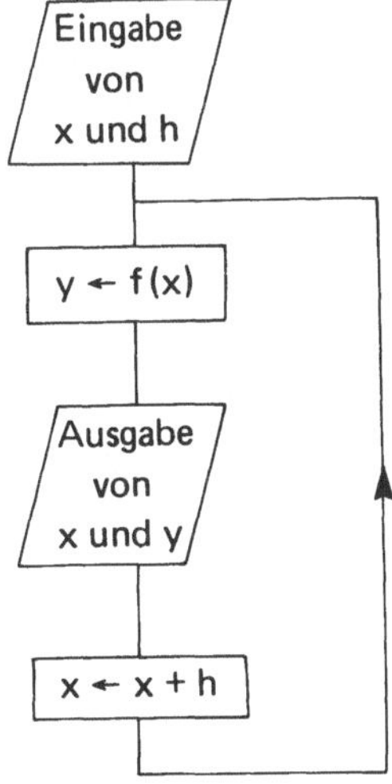

b) BASIC-Übersetzung

```
10:INPUT "␣X=␣";X, "␣H=";H
20:USING "###.#"
30:Y=0.25*X*X*X*X+X*X*X−X*X−6*X+1.5
40:PRINT "␣␣␣X=";X;"␣␣␣␣␣Y=";Y
50:X=X+H
60:GOTO 30
```

Erläuterungen:

Man gibt den linken Randwert x des gewählten Intervalls und die Schrittweite h (zunächst 1, später bei Bedarf 0,1 oder gar 0,01) ein. In der Schleife wird dann der zugehörige Funktionswert berechnet und mit dem x-Wert zusammen ausgegeben; danach wird x um h erhöht und an den Schleifenkopf zurückgesprungen und zur neuen Abzisse die Ordinate berechnet usw. Mit Hilfe der so mühelos erhältlichen Wertepaare kann sich ein Schüler zunächst ein genaues Bild der Funktion anfertigen und daraus die markanten Punkte (Nullstellen, Hoch-, Tief- und Wendepunkte) sowie Monotonie und Krümmungsverhalten ersehen.

Zwar wird er in der Regel anschließend alles noch einmal analytisch herleiten müssen, aber das ist dann einfacher wie der bisher übliche Weg, wo der Kurvenverlauf sich erst als *Resultat* vielfältiger Überlegungen und Rechnungen ergab!

c) Testbeispiele in graphischer Auswertung

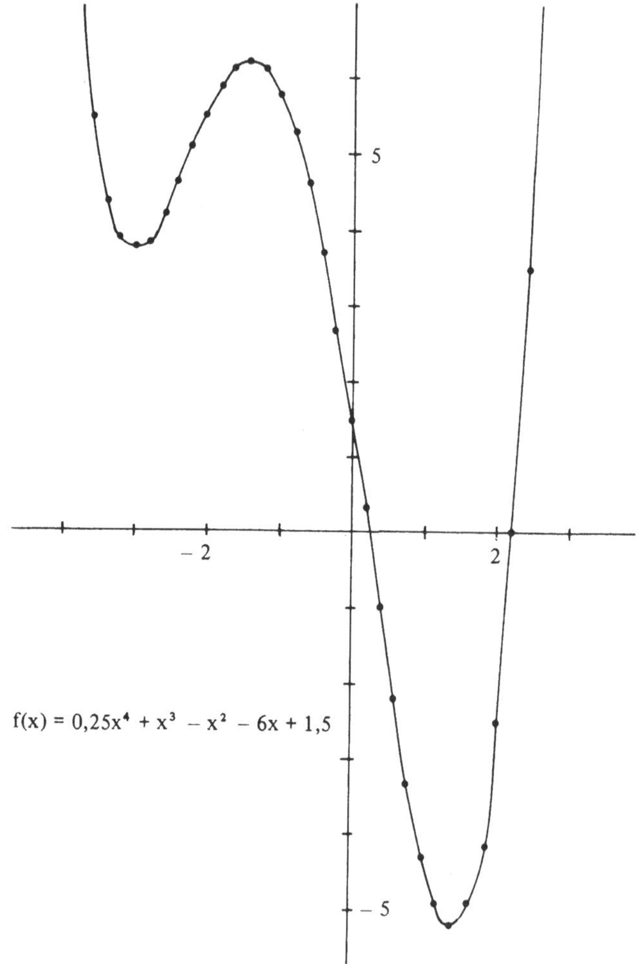

In Bild 1 ist der Verlauf des Graphen der Funktion mit

$$f(x) = 0,25 \cdot x^4 + x^3 - x^2 - 6x + 1,5$$

im Intervall $(-4, +3)$ dargestellt; die Schrittweite betrug $h = 0,2$. (Um bequemer ablesen und zeichnen zu können, wählt man das Ausgabeformat mit *einer* Dezimalen)

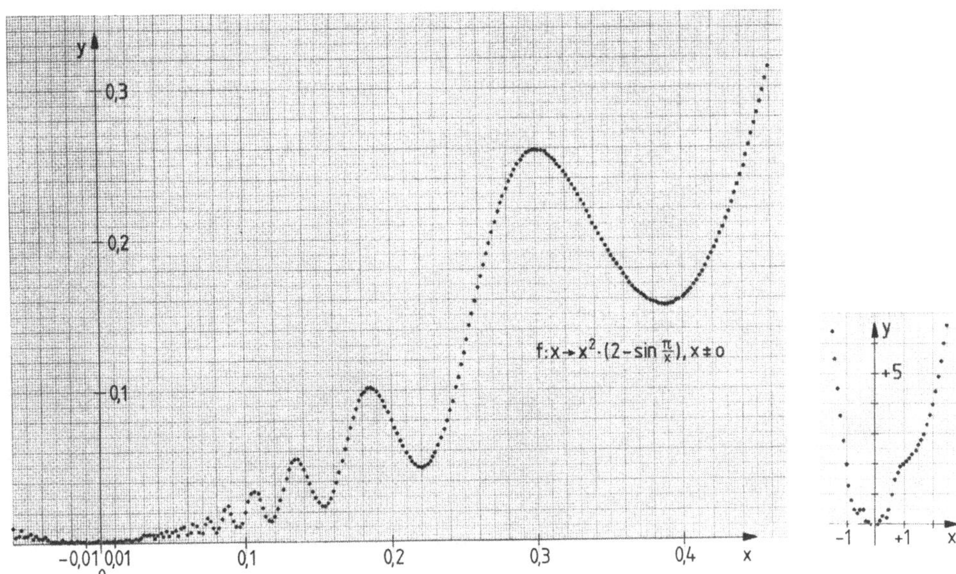

Bild 2 gibt zwei Ausschnitte des Graphen der Funktion mit

$$f(x) := \begin{cases} x^2 \cdot \left(2 - \sin\dfrac{\pi}{x}\right) & \text{für } x \neq 0 \\ 0 & \text{für } x = 0 \end{cases}$$

wieder; mit ihrem Punkt $(0, 0)$ ist sie ein Beleg dafür, daß das bekannte *Vorzeichenwechsel-Kriterium* „Wenn $f'(x_0) = 0$, f differenzierbar in $U(x_0)$ mit $f'(x) < 0$ (> 0) für $x \in U$ und $x < 0$ $(x > 0)$, dann hat f in x_0 ein lokales Minimum" nur hinreichend, aber *nicht notwendig* ist.

Die Schrittweite h betrug bei Bild 2 in der vergrößerten Darstellung 0,002; man achte auf die Einstellung des Bogenmaßes!

10.4 Numerische Differentiation

Die *punktuelle* Bestimmung der Ableitung einer Funktion f an der Stelle x_0 durch den Term

$$\frac{f(x_0 + h) - f(x_0 - h)}{2h}$$

macht programmiertechnisch keine Schwierigkeiten und kann mit weniger Schritten realisiert werden. Der nebenstehend wiedergegebene Ausdruck für die Ableitung der Tangensfunktion an der Stelle 1 zeigt indes, daß wir mit einer ungünstigen Fehlerfortpflanzung rechnen müssen und die Ableitung offenbar empfindlich auf Änderungen des Funktionsverlaufs reagiert.

h	tan′(1)
0,1	3,523007198
0,01	3,42646416
0,001	3,425528277
0,0001	3,425518935
0,00001	3,425519905
0,000001	3,425517
0,0000001	3,425525
0,00000001	3,42575
0,000000001	3,4275
0,0000000001	3,41

Zum Vergleich:

$$\tan'(1) = \frac{1}{\cos^2(1)} \approx 3,4255188277$$

Zweckmäßig wählt man $h = 10^{-4}$ oder $h = 10^{-5}$, was auch von dem folgenden Funktionsbeispiel bestätigt wird:

$$f(x) = x^7 \cdot \sqrt[12]{2^x} \cdot \sin^2 x$$

deren Ableitung an der Stelle 2 rund 313,9061836 beträgt, wie man über den Ableitungsterm

$$f'(x) = x^7 \cdot \sqrt[12]{2^x} \cdot \sin^2 x \cdot \left(\frac{7}{x} + \frac{2^x \cdot \ln 2}{12 \cdot 2^x} + 2 \cdot \cot x \right)$$

errechnen kann; bei $h = 10^{-4}$ ergibt sich mit 313,906182 der beste Näherungswert.

In etwas abgewandelter Form spielt die numerische Differentiation auch bei Iterationsverfahren eine Rolle, siehe 10.5.2.

10.5 Näherungsweise Bestimmung von Nullstellen

10.5.1 Newtonverfahren

a) Problemstellung

Gegenstand des Verfahrens ist die Lösung einer Gleichung des Typs $f(x) = 0$.

Die Tangente durch P_0 an den Graphen von f schneidet die Abzisse in x_1; die Tangente

durch P_1 an die Kurve schneidet die x-Achse in x_2 usw.; im skizzierten Fall nähert sich die
Folge $x_0, x_1, x_2, \ldots$ der Nullstelle ξ von f. Andererseits besteht der Zusammenhang

$$f'(x_0) = \frac{f(x_0)}{x_0 - x_1}; \quad f'(x_1) = \frac{f(x_1)}{x_1 - x_2}$$

usw.; allgemein

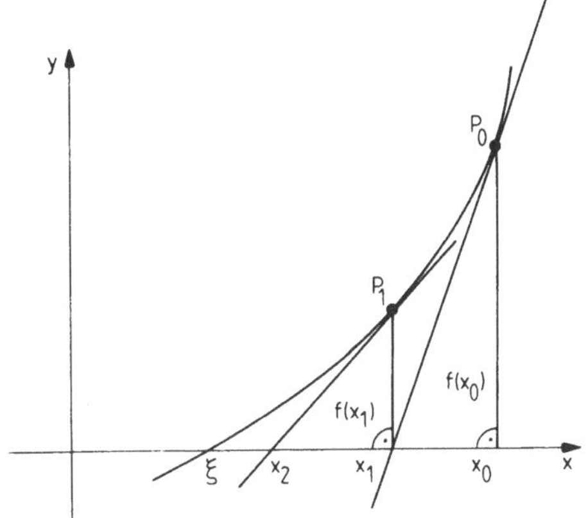

$$f'(x_n) = \frac{f(x_n)}{x_n - x_{n+1}}$$

oder

$$x_{n+1} = x_n - \frac{f(x_n)}{f'(x_n)}; \quad n = 0, 1, 2, \ldots \text{(siehe Anhang)}.$$

Wie schon aus der Skizze hervorgeht, konvergiert das Newtonverfahren schneller als das
allgemeine Iterationsverfahren, vgl. 9.2, dafür benötigt man aber die Ableitung an den
Stellen x_n, $n = 0, 1, 2, \ldots$

b) Allgemeiner Ablaufplan

Anfang des Programms

Eingabe des Startwertes x und der Genauigkeit d

$k \leftarrow 0$ (Zähler)

Wiederhole
$$\begin{bmatrix} k \leftarrow k + 1 \\ a \leftarrow x \\ f(x) \text{ und } f'(x) \text{ im U.P. berechnen} \\ x \leftarrow x - \dfrac{f(x)}{f'(x)} \end{bmatrix}$$

$\qquad$ *bis* $|x - a| < d$

Ausgabe von k und x

Ende des Programms

c) BASIC-Übersetzung

```
10:INPUT "␣STARTWERT␣X0␣=␣";X
20:INPUT "␣WIEVIEL DEZIMALEN?␣";N
30:LET Z=10^N,D=0.11/Z,K=0
```

```
40:LET K=K+1,A=X
50:GOSUB "Y"
60:X=X−F/G
70:IF ABS (X−A)>DTHEN 40
80:X=X∗Z:IF X−INT X>=0.5LET X=INT (X)+1
90:X=INT X/Z:PRINT "␣X";USING "##";K;␣ =␣";USING;X
100:END

110:"Y"
120:F=X∗X+2∗X−COS X
130:G=2∗X+2+SIN X
140:RETURN
```

Anmerkung:

Zur Anpassung der Ausgabe an die vorzugebende Genauigkeit vgl. 9.1 c)

d) Testbeispiele (N = 7)

1. $x^2 + 2x - \cos x = 0$; $x_0 = 0$; $x_5 = 0{,}3877221$

2. $x^2 - \ln x - 3 = 0$; $x_0 = 1$; die Iteration steht mit $x_6 = 1{,}9096976$

   $x_0 = 0{,}1$; $x_6 = 0{,}0499112$

3. $x^4 + 2x^3 - 23x^2 + 2x + 1 = 0$; $x_0 = 1$; $x_6 = 0{,}2605184$

4. $x - \sin x - 7/6\,\pi = 0$; $x_0 = \pi$; $x_4 = 3{,}4049082$

10.5.2 Sekantenverfahren (regula falsi)

a) Problemstellung

Grundgedanke des Verfahrens: Anstelle der Ableitung im Newtonverfahren nimmt man einen Differenzenquotienten; das bedeutet zwei Startwerte x_1, x_2 und den Austausch von vier Speicherinhalten, wenn man innerhalb der Schleife nur einen Funktionswert neu berechnen will.

b) Allgemeiner Ablaufplan

Anfang des Programms

Eingabe x_1, x_2, d (Genauigkeit)

$k \leftarrow 0$; $f(x_1)$ und $f(x_2)$ im *U.P.* berechnen und nach y_1 und y_2 abspeichern

$$\textit{Wiederhole} \quad \left[\begin{array}{l} k \leftarrow k + 1 \\[1.5em] x_3 \leftarrow x_2 - \dfrac{x_2 - x_1}{y_2 - y_1} \cdot y_2 \\[1.5em] f(x_3) \text{ im } \textit{U.P.} \text{ berechnen und nach } y_3 \text{ abspeichern} \\[1em] x_1 \leftarrow x_2;\; x_2 \leftarrow x_3;\; y_1 \leftarrow y_2;\; y_2 \leftarrow y_3 \end{array} \right.$$

$$\textit{bis}\ |x_2 - x_1| < d$$

Ausgabe k; x_3

Ende des Programms

Beim 2. Durchgang übernehmen also x_2 und x_3 die Rolle von x_1 und x_2; entsprechendes wiederholt sich in den folgenden Durchgängen; im Nenner kommt es gelegentlich zur Auslöschung der signifikanten Stellen (sog. Subtraktionskatastrophe).

c) BASIC-Übersetzung

```
 10:INPUT "⌴STARTWERT⌴X1⌴= ";A, "⌴STARTWERT⌴X2= ";B
 20:INPUT "⌴WIEVIEL DEZIMALEN?⌴";N
 30:LET Z=10^N,D=0.11/Z,K=0
 40:X=A:GOSUB "F":U=F:X=B:GOSUB "F":V=F

 50:K=K+1
 60:C=B-(B-A)/(V-U)*V
 70:X=C:GOSUB "F"
 80:LET A=B, B=C, U=V, V=F
 90:IF ABS (B-A)>DTHEN 50
100:LET X=C, X=X*Z: IF X-INT X>=0.5LET X=INT (X)+1
110:X=INT X/Z:PRINT "⌴X";USING "##";K;"⌴ = ⌴";USING;X
120:END

130:"F"
140:F=X*X+2*X-COS X
150:RETURN
```

Erläuterungen:
A, B, C entsprechen x_1, x_2, x_3 und U, V, F y_1, y_2, y_3. Zu Genauigkeit und Ausgabeformat vgl. 9.1 c)

d) Testbeispiele (wie 10.5, N = 7)

Beispiel	x_1	x_2	k
1	0	1	6
2	1	2	5
2	0,01	0,1	8
3	0	1	9
4	3	4	4

10.6 Leistungsanpassung, Verkehrsprobleme, Absatzsorgen: Auf der Suche nach lokalen Extrema

a) Problemstellung

Ein Stromversorgungsgerät hat unbelastet eine Spannung von 230 V und besitzt einen Innenwiderstand von 8 Ω.

Frage: Welchen Widerstand muß ein angeschlossenes Gerät aufweisen, wenn die aufzunehmende Leistung maximal werden soll („Leistungsanpassung")?

Lösung: Die Stromstärke I ergibt sich als Quotient von Urspannung U_0 und Summe von Innen- und Außenwiderstand R_i und R_a; maßgebend für die aufgenommene Leistung ist die sogenannte Klemmenspannung, die durch das Produkt $I \cdot R_a$ ausgedrückt werden kann. Somit erhält man durch

$$P = U_{K\ell} \cdot I = I^2 \cdot R_a = \frac{U_0^2}{(R_i + R_a)^2} \cdot R_a$$

die Leistung als Funktion des gesuchten Widerstands R_a.

Die Funktion mit

$$f(x) = \frac{230^2}{(8 + x)^2} \, x$$

wird offenbar für kleine x wegen des zweiten Faktors und für große x wegen des (quadratischen!) Nenners geringe Werte annehmen, so daß man mit Recht dazwischen eine Belegung von x mit zugehörigem maximalen $f(x)$ erwarten darf.

Diese Zahl x_0 soll nun vom Computer nach einem einfachen Suchverfahren bestimmt werden:

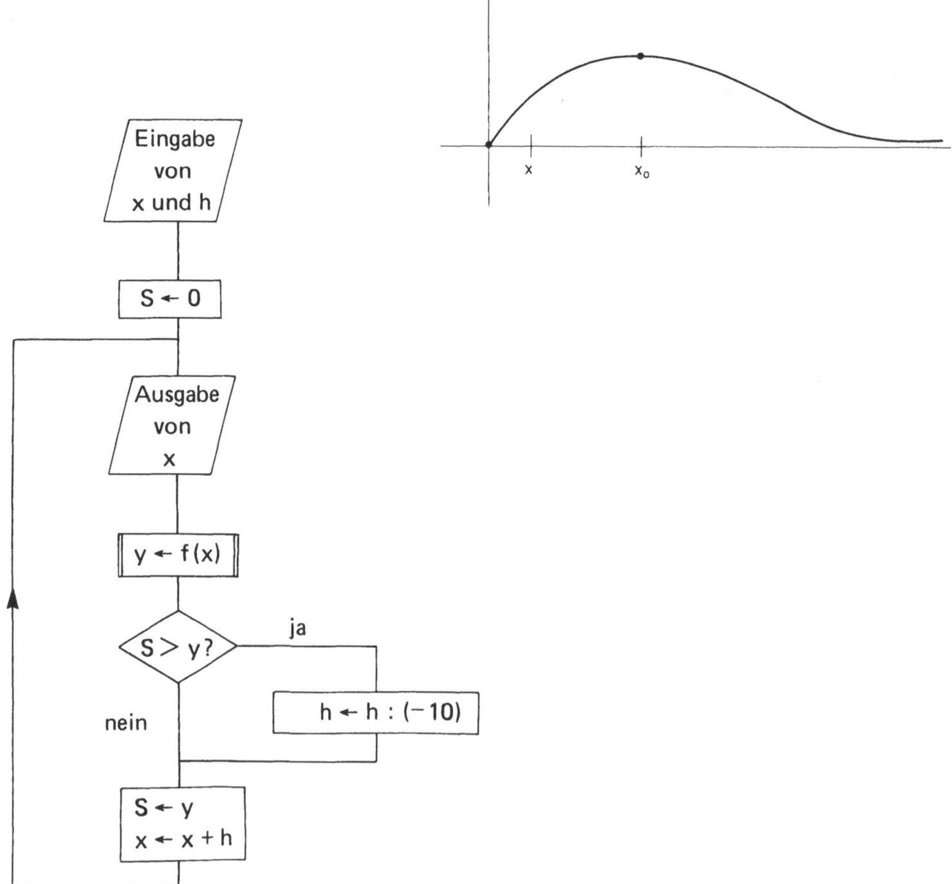

Erläuterungen zum Flußdiagramm

Der Ablauf setzt die Situation voraus, die soeben skizziert wurde, außerdem muß der Startwert x links vom Maximum liegen. Die Schrittweite h sollte nicht zu klein gewählt werden, damit man schnell über x_0 hinauskommt; anschließend wird erstmals der Ja-Fall ausgeführt, d. h. die Schrittweite wird auf den zehnten Teil verringert und durch den Vorzeichenwechsel werden die x-Werte wieder kleiner. Dadurch werden die Funktionswerte wieder größer, bis x_0 nach links unterschritten wird und die Abfrage abermals über die Ja-Weiche verlassen wird, so daß anschließend mit 1/100 der ursprünglich angesetzten Schrittweite alles wieder nach rechts fortschreitet usw.

Damit der Rechner beim erstenmal das Diagramm senkrecht durchläuft, muß Speicher S vorher mit Null belegt werden; falls man mit dem Programm ein Minimum suchen will, muß man S zuvor mit einer Zahl wie 10^{90} belegen lassen und die Abfrage logisch umkehren.

c) BASIC-Übersetzung

```
10:INPUT "⌐EIN X LINKS VON X0:";X
20:INPUT "ANFANGSSCHRITTWEITE:";H
30:PAUSE X
40:Y=X*(230/(8+X))^2
50:IF S>YLET H=-0.1*H
60:LET S=Y,X=X+H
70:GOTO 30
```

Anmerkungen:

Die Kürze der Befehlsfolge beschleunigt den Schleifendurchgang. S ist vor Programmablauf auf die o. a. Weise zu belegen.

d) Testbeispiele

1. Der optimale Widerstand beträgt $8\,\Omega$, man kann so empirisch die Gesetzmäßigkeit $R_i = R_a$ herausfinden!

   Mit $x = 1$ und $h = 0{,}5$ als Startwerten erhält man die Zahlenfolge

   1, 1.5, 2, 2.5, ... , 8, 8.5 / 8.45, 8.4, 8.35, ... , 7.95 / 7.955, 7.96, 7.965, ... , 8.005 / 8.0045, 8.004, 8.0035 usw.

2. Noch ein physikalisches Problem

   Auf einer Bundesstraße hat sich vor einem verengten Fahrstreifen ein größerer Stau gebildet.

   Frage: Mit welcher Geschwindigkeit sollte die Kolonne den Fahrstreifen durchfahren, damit sich die Stauung möglichst schnell wieder auflöst?

   Man kann nicht einfach antworten: „Mit möglichst großer Geschwindigkeit", weil in der Kolonne ein geschwindigkeitsabhängiger Sicherheitsabstand eingehalten werden muß!

   Ein möglicher Ansatz ergibt sich aus folgenden Überlegungen:

   Der Stau löst sich um so schneller auf, je schneller der Durchfluß im Engpaß ist, d. h. je größer die Anzahl der Autos ist, die diesen an einer bestimmten Stelle P in der Zeiteinheit passiert.

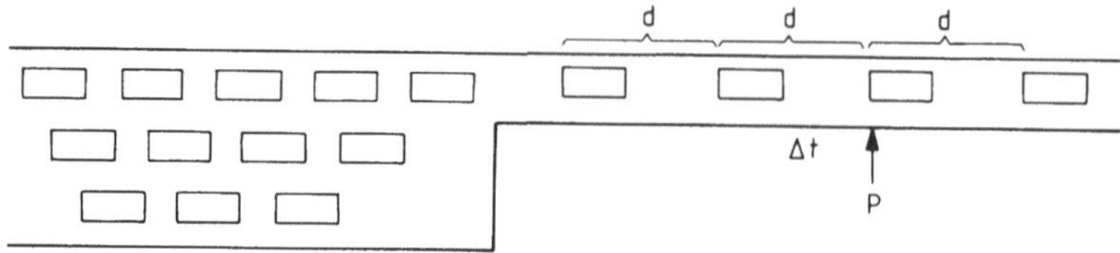

Anders ausgedrückt: Die Zeit Δt, mit der zwei Autos bei P einander folgen, muß minimal werden. Nun gilt

$$v = \frac{d}{\Delta t} \quad \text{bzw.} \quad \Delta t = \frac{d}{v}$$

wenn v die Geschwindigkeit der Kolonne und d der Abstand zwischen den Autos ist. Letzerer ist gleich dem Bremsweg s, wie er in 2.3 hergeleitet wurde, zuzüglich einer Strecke von etwa 8 m, denn auch bei einem vorübergehenden Stillstand (v = 0) müssen die Wagen ja einen Abstand voneinander haben (Eigenlänge berücksichtigen, vgl. Skizze). Wir erhalten somit

$$d = \frac{1}{2}\frac{v^2}{a} + vt + 8 \quad \text{und} \quad t = \frac{1}{2}\frac{v}{a} + t + \frac{8}{v}$$

Wir unterstellen eine Verzögerung von $a = 6 \ ms^{-2}$ und eine „Schreckzeit" von $t = 1 \ s$ und erhalten eine Funktion mit

$$f(x) = \frac{1}{12}x + \frac{8}{x} + 1$$

deren Werte für große x wegen des ersten Summanden und für kleine x wegen des zweiten Summanden hoch werden, so daß man dazwischen ein lokales Minimum vermuten darf.

Mit den Startwerten x = h = 1 erscheint in der Anzeige anschließend

1, 2, 3, 4, 5, 6, 7, 8, 9, 10, 11 / 10.9, 10.8, ... , 9.7 / 9.71, 9.72, ... , 9.7978858

Aus der Differentialrechnung ergibt sich $\sqrt{96} \approx 9{,}797959$, die Übereinstimmung reicht also bis zur 4. Dezimale. (Die Umrechnung in 35,3 km/Std. stimmt nachdenklich!)

3. Eine klassische Extremwertaufgabe

Die beiden Punkte A und B mögen von einer Geraden die Abstände c und d haben und dadurch eine Strecke s auf der Geraden auszeichnen. Man soll nun jenen Punkt P der Geraden bestimmen, der den Streckenzug APB = a + b minimal werden läßt.

Unsere Lösung, demonstriert am Beispiel c = 2, d = 3, s = 8:

$$f(x) = a + b = \sqrt{c^2 + x^2} + \sqrt{(s-x)^2 + d^2}$$
$$f(x) = \sqrt{4 + x^2} + \sqrt{(8-x)^2 + 9}$$

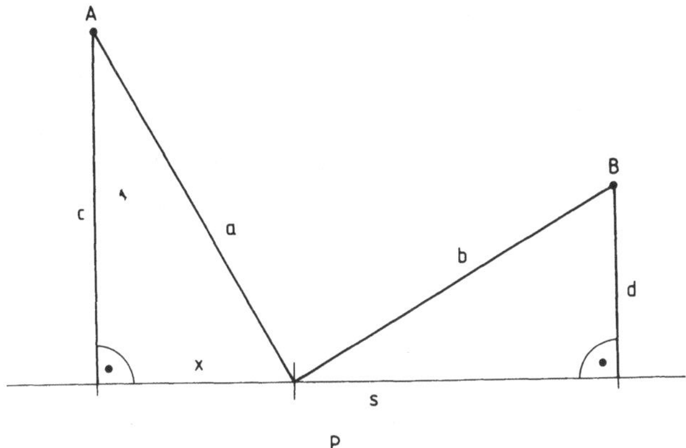

Mit $x = h = 1$ erscheint in der Anzeige

1, 2, 3, 4 / 3.9, 3.8, … , 3.1 / 3.11, 3.12, … , 3.21 / 3.199, … , 3.209 / 3.1991 …

Es ergibt sich 3,2. (Man vergleiche den beschwerlichen Weg in der Analysis, aber auch die einfache geometrische Lösung (Spiegelprinzip).)

4. Ein „kaufmännisches" Problem

Von einer Zahnpasta werden bei einem Preis von 1,20 DM pro Stück 20000 Stück im Monat verkauft. Marktforscher haben für den Hersteller herausgefunden, daß eine Preissenkung von 5, 10, 15 Pf. … pro Stück den Umsatz um 1200, 2400, 3600 Stück usw. erhöhen würde.

Um wieviel Stufen zu je 5 Pf. soll man den Preis erniedrigen, wenn der Erlös maximal werden soll?

Man programmiert in Zeile 40 die Funktion mit

$$f(x) = (1,2 - x \cdot 0,05) \cdot (20000 + x \cdot 1200)$$

und erhält $x = 3,67$ (gerundet) zum Ergebnis; demnach sollte man auf 1,05 DM oder 1 DM ermäßigen.

10.7 Numerische Integration

10.7.1 Trapezverfahren

a) Mathematischer Hintergrund

Zur näherungsweisen Bestimmung der Fläche unter der Kurve von f zwischen a und b unterteilen wir das Intervall von a bis b in n gleiche Teile und verbinden die zugehörigen Kurvenpunkte durch Strecken miteinander. Auf diese Weise entstehen n Trapeze der gleichen Höhe

$$h = \frac{b-a}{n}$$

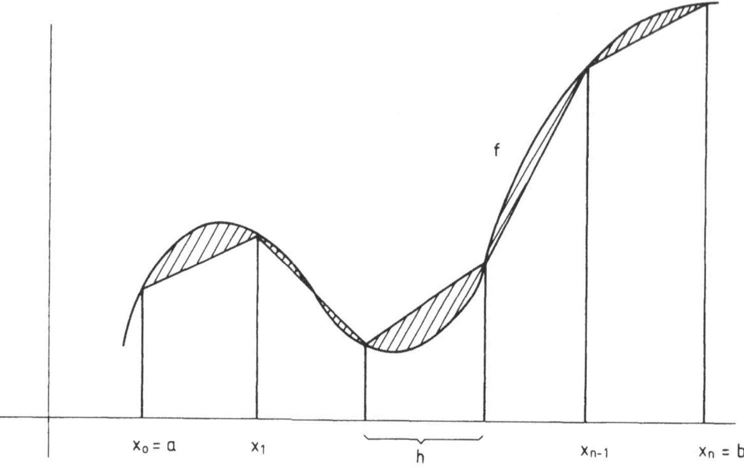

Die Fläche eines einzelnen Trapezes ergibt sich nach der elementaren Formel als Produkt aus dem arithmetischen Mittel der begrenzenden Funktionswerte und der Höhe h.

Die Summe der Trapezflächen wird sich mit wachsendem n immer weniger von der gesuchten Flächenmaßzahl unterscheiden; ihre Berechnung bietet keine Schwierigkeiten:

$$S = \frac{f(x_0) + f(x_1)}{2} \cdot h + \frac{f(x_1) + f(x_2)}{2} \cdot h + \ldots + \frac{f(x_{n-1}) + f(x_n)}{2} \cdot h$$

$$= \frac{h}{2} \left[f(x_0) + 2\, f(x_1) + 2\, f(x_2) + \ldots + 2\, f(x_{n-1}) + f(x_n) \right]$$

$$= h \cdot \left[\frac{f(a) + f(b)}{2} + f(x_1) + f(x_2) + \ldots + f(x_{n-1}) \right]$$

Die letzte Umformung geschah schon im Hinblick auf einen günstigen Ablaufplan.

b) Allgemeiner Ablaufplan

Eingabe von a, b, n

$$h \leftarrow \frac{b-a}{n}, \quad x \leftarrow a,$$

$$f(a) \text{ und } f(b) \text{ im UP berechnen; } S \leftarrow \frac{f(a) + f(b)}{2}$$

Wiederhole
von k = 1 $\begin{bmatrix} x \leftarrow x + h \\ f(x) \text{ im UP berechnen} \\ S \leftarrow S + f(x) \end{bmatrix}$
$\qquad\qquad$ *bis* k = n − 1

Ausgabe von S · h

Erläuterung zum Ablauf

Die Berechnung des Funktionsterms geschieht in einem Unterprogramm, um die Vorschrift f leichter wechseln zu können; außerdem benötigt man Funktionswerte an drei verschiedenen Stellen des Hauptprogramms. Man beachte, daß das UP innerhalb der zeitaufwendigen Schleife nur einmal aufgerufen wird!

c) BASIC-Übersetzung

```
 10:INPUT "␣A=";A, "␣B=";B, "␣N=";N
 20:LET H=(B−A)/N,X=A
 30:GOSUB "F":LET S=F,X=B:GOSUB "F":LET S=S+F,S=S/2,X=A
 40:FOR K=1TO N−1
 50:X=X+H
 60:GOSUB "F"
 70:S=S+F
 80:NEXT K
 90:PRINT S*H
100:END
110:"F"
120:F=X*X
130:RETURN
```

Testbeispiele

1. $f(x) = x^2$ $\qquad$ a = 0 $\qquad$ b = 1 $\qquad$ n = 10: $\qquad$ 0,335 nach 13 sec
$\qquad\qquad\qquad\qquad\qquad\qquad\qquad\qquad\qquad$ n = 100: $\qquad$ 0,33335 nach $1\frac{1}{2}$ min

$$\text{exakt:} \int_0^1 x^2\, dx = \frac{1}{3}$$

2. $f(x) = \dfrac{1}{x}$ $\qquad$ a = 1 $\qquad$ b = 2 $\qquad$ n = 10: $\qquad$ 0,693
$\qquad\qquad\qquad\qquad\qquad\qquad\qquad\qquad\quad$ n = 100: $\qquad$ 0,6931534305

$$\text{exakt:} \int_1^2 \frac{1}{x}\, dx = \ln 2 \approx 0{,}6931471806$$

3. $f(x) = \sqrt{1-x^2}$ $\qquad$ a = 0 $\qquad$ b = 1 $\qquad$ n = 10: $\qquad$ (4 faches Ergebnis) $\approx$ 3,10
$\qquad\qquad\qquad\qquad\qquad\qquad\qquad\qquad\qquad$ n = 100: $\qquad\quad$ $\approx$ 3,14

$$\text{exakt:} \ 4 \cdot \int_0^1 \sqrt{1-x^2} = \pi$$

4. Es sei bekannt, daß die Erdanziehungskraft auf einen Körper der Masse m gemäß

$$F(r) = \gamma\, m\, M \cdot \frac{1}{r^2}$$

abnimmt, wobei $|\gamma| = 6{,}67 \cdot 10^{-11}$ und $M = 6 \cdot 10^{24}$ kg.

Man berechne die Energie, die man benötigt, um einen Körper der Masse 1 t von der Erde zum Mond zu schaffen.

Lösung:

$$f(x) = 6{,}67 \cdot 10^{-11} \cdot 10^3 \cdot 10^{24} \cdot \frac{1}{x^2}$$

$$a = 7{,}37 \cdot 10^6 \quad b = 3{,}456 \cdot 10^8 \quad n = 100$$

liefert rund $5{,}5 \cdot 10^{10}$ J

$$\text{exakt:} \int_a^b \gamma\, m\, M \cdot \frac{1}{x^2}\, dx = \gamma\, m\, M \left(\frac{1}{a} - \frac{1}{b} \right)$$

$$= 6{,}67 \cdot 10^{-11} \cdot 10^3 \cdot 6 \cdot 10^{24} \left(\frac{1}{7{,}37 \cdot 10^6} - \frac{1}{3{,}456 \cdot 10^8} \right) \approx 5{,}3 \cdot 10^{10}\ \text{J}$$

10.7.2 Simpsonverfahren

a) Mathematischer Hintergrund

Beim Simpsonverfahren werden die Punkte $(x_1; f(x_1'))$ und $(x_2; f(x_2))$ z. B. nicht durch eine Strecke verbunden wie beim Sehnentrapezverfahren, sondern durch jenen Parabelbogen, der durch die beiden o. a. Punkte und durch den dritten Punkt $(x_1 + h/2; f(x_1 + h/2)$ bestimmt ist; hierdurch werden im allgemeinen die Ungenauigkeiten bei gleichem n geringer, weil sich die Parabelstücke dem Kurvenverlauf besser anschmiegen können als die Strecken; allerdings ist der Zeitaufwand fast doppelt so groß, weil innerhalb der Schleife durch die Hinzunahme des jeweils mittleren Punktes die Anzahl der zu berechnenden Funktionswerte etwa doppelt so groß geworden ist!

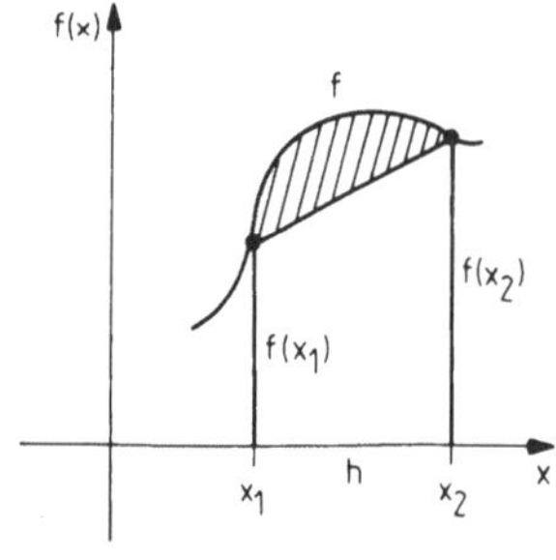
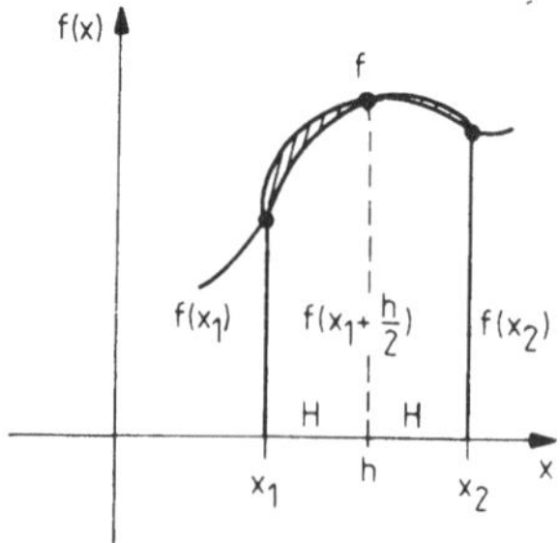

Wenn man die Zwischenwerte mit gebrochenen Indizes kennzeichnet, kann man das Simpsonverfahren wie folgt darstellen: $(a = x_0, b = x_n)$

$$h/6 \cdot (f(a) + f(b) + 4f(x_{1/2}) + 2f(x_1) + 4f(x_{1\,1/2}) + 2f(x_2) + 4f(x_{2\,1/2}) + \ldots + 4f(x_{n-1/2})).$$

(ausführliche Herleitung in der Analysisliteratur)

b) Allgemeiner Ablaufplan

Anfang des Programms *Simpsonverfahren*

1. *Eingabe* von a, b und (geradem) n

2. $H \leftarrow (b - a)/2n$
   f(a) und f(b) im *U.P.* berechnen und $s \leftarrow f(a) + f(b)$
   $x \leftarrow a + H$; f(x) im *U.P.* berechnen und $s \leftarrow s + 4f(x)$

3. *Wiederhole*
   von I = 1
$$\begin{array}{l} x \leftarrow x + H;\ f(x)\ \textit{im U.P. berechnen} \\ s \leftarrow s + 2 \cdot f(x) \\ x \leftarrow x + H;\ f(x)\ \textit{im U.P. berechnen} \\ s \leftarrow s + 4 \cdot f(x) \end{array}$$
   bis I = N − 1

4. *Ausgabe* von s H/3

Ende des Programms *Simpsonverfahren*

c) BASIC-Übersetzung

```
 10:INPUT " A=";A, " B=";B, " (GERADES)N= ";N
 20:LET H=0.5*(B−A)/N,X=A
 30:GOSUB "F":LET S=F,X=B:GOSUB "F":LET S=S+F,X=A+H:GOSUB "F":S=S+4*F
 40:FOR I=1TO N−1
 50:X=X+H:GOSUB "F"
 60:S=S+2*F
 70:X=X+H:GOSUB "F"
 80:S=S+4*F
 90:NEXT I
100:PRINT S*H/3
110:END

120:"F"
130:F=X*X*X+2*X+2
140:RETURN
```

d) Testbeispiele

1. $\int_{0}^{2}(x^3 + 2x + 2)\,dx$ gibt bei beliebigem n exakt 12. (Das Simpsonverfahren liefert bei jeder ganzrationalen Funktion dritten Grades den genauen Wert!)

2. $\int_{1}^{2} 1/x\,dx$ gibt bei n = 10 0,6931473747 und bei n = 100 alle 10 Dezimalen von

   ln 2: 0,6931471806

3. $\displaystyle\int_0^1 \frac{\sin x}{x}\,dx$ gibt bei n = 10 0,9460830765 und bei n = 100 10 richtige Dezimalen

0,9460830704[1])

4. $\displaystyle\int_0^1 1/\sqrt{2\pi}\cdot e^{-\frac{1}{2}x^2}\,dx$ gibt bei n = 10 0,3413447629 und bei n = 100 0,3413447461;

wer ganz sicher gehen will, daß alle Dezimalen richtig sind, müßte die 4. Ableitung der Integrandenfunktion für das Intervall [0; 1] betragsmäßig nach oben abschätzen. Allgemein gilt nämlich für den Fehler ϵ bei der Simpsonintegration:

$$\epsilon \leqslant \frac{b-a}{2880}\cdot\left(\frac{b-a}{n}\right)^4\cdot\left|f^{IV}_{\substack{max\\\text{über a,b}}}\right|$$

10.8 Differentialgleichungen

a) Mathematischer Hintergrund

Wir beschränken uns auf explizite gewöhnliche Differentialgleichungen erster Ordnung

$$y' = f(x, y)$$

mit gegebenen Startwerten x_0, y_0. Es handelt sich hierbei um die Aufgabe, zu der über $[a, b] \times \mathbb{R}$ definierten reellwertigen Funktion f eine Funktion $y = g(x)$ zu finden mit

$$g'(x) = f(x, g(x))$$

für alle x aus [a, b]. Die „g" heißen „Lösungen der Differentialgleichung"; sie bilden eine Funktionenschar, aus der nach Vorgabe von x_0, $y_0 = g(x_0)$ eine bestimmte Funktion aussortiert wird. Mit Hilfe des folgenden Näherungsverfahrens bestimmen wir Wertepaare dieser Funktion:

Gegeben ist der Punkt P_0 mit den Koordinaten x_0 und y_0; gesucht ist P_1 mit x_1 und y_1. Wir setzen $x_1 = x_0 + h$ mit kleinem h und erhalten

$$\frac{y_1 - y_0}{h} \approx g'(x_0) = f(x_0, y_0) \quad \text{bzw.} \quad y_1 = y_0 + h \cdot f(x_0, y_0).$$

Im zweiten Schritt übernimmt $P_1 (x_1, y_1)$ die Rolle von $P_0 (x_0, y_0)$, und man erhält so einen dritten Punkt usw. *(Eulersches Polygonzugverfahren)*.

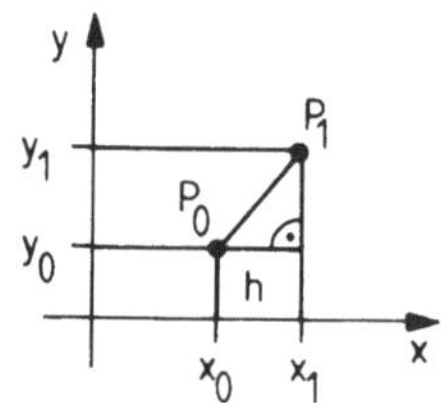

---

[1]) Wegen $\displaystyle\lim_{x \to 0} \frac{\sin x}{x} = 1$ wähle man als untere Grenze etwa 0,001 statt 0 und addiere später für die unberücksichtigte Fläche $0{,}001 \cdot 1 = 0{,}001$.

(Mit Hilfe der Reihe $1 - \frac{1}{3\cdot 3!} + \frac{1}{5\cdot 5!} - \frac{1}{7\cdot 7!} + - \ldots$ erhält man den 10-stelligen Vergleichswert 0,9460830704)

b) Allgemeiner Ablaufplan

Anfang des Programms

Eingabe der Startwerte x, y und der Schrittweite h

$$\textit{Wiederhole} \quad \begin{bmatrix} \text{Berechnung von } f(x, y) \\ x \leftarrow x + h; \; y \leftarrow y + f(x, y) \cdot h \\ \textit{Ausgabe von } x, y \end{bmatrix}$$

bis von Hand abgestellt

Ende des Programms

c) BASIC-Übersetzung

```
10: INPUT "⌴X0=";X, "⌴Y0=";Y
20: INPUT "⌴RECHENSCHRITTWEITE:";H," AUSGABESCHRITTWEITE:";S
30: USING "###.#####": LET K=0,N=S/H
40: FOR I=1TO N
50: F=Y
60: LET X=X+H,Y=Y+F*H
70: NEXT I
80: PRINT "⌴X=";X;"⌴Y=";Y
90: GOTO 40
```

Bemerkungen:

Wie weiter unten aus den Testbeispielen ersichtlich, wird man H in der Regel mit 0,01 oder 0,001 belegen müssen, um halbwegs genaue Werte zu erhalten.

Zweckmäßigerweise gibt man außer H noch eine Ausgabeschrittweite S vor. Im übrigen ist der Wiederholungsblock bewußt kurz formuliert worden, weil die Rechenzeit ins Gewicht fällt (100 Durchgänge rund 2 min).

d) Testbeispiele

I Man wird zwecks Genauigkeitsüberprüfung mit $y' = y$ beginnen. Anfangswerte $x_0 = 0$, $y_0 = 1$; mit $h = 0,1$ ($h = 0,01$) erhält man nach 10 (100) Schritten 2,59374 (2,70481) für $e^1 = e \approx 2,718$ ($g(x) = e^x$). Grob gesehen gibt h somit den möglichen Genauigkeitsverlust längs einer Einheit auf der Abzisse wieder.

II $y' = e^x - y^2$; $x_0 = y_0 = 0$; hier gibt es für die Lösung keinen geschlossenen Funktionsterm wie oben, so daß man auf Näherungsverfahren angewiesen ist. Zu $x = 1$ gehört $y \approx 1,22590$ ($h = 0,1$) bzw. $y \approx 1,22769$ ($h = 0,01$).

III Auch $y'(y + x) = y - x$ besitzt keine Lösung in geschlossener Form. Für die Anfangswerte (0,1); (0,2) und (1,1) sowie die Schrittweite $h = 0,1$ erfolgte eine graphische Auswertung.

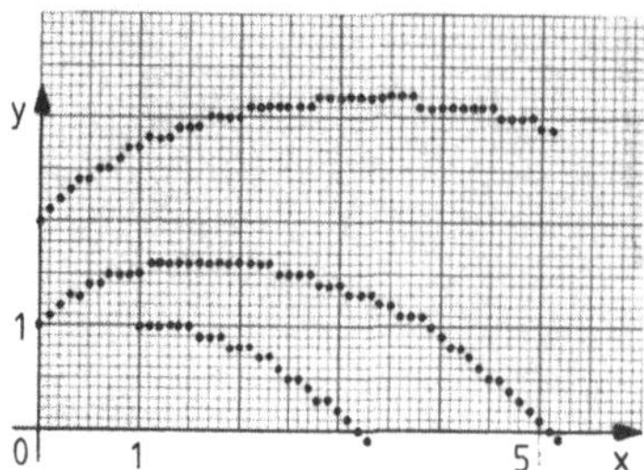

IV Über einen Schalter S kann eine konstante Gleichspannung U_0 mit zwei hintereinander geschalteten Spulen des ohmschen Widerstands R und der Induktivität L verbunden werden. Für die momentane Stromstärke I (t) gilt

$$U_0 = R \cdot I(t) + L \cdot I'(t) \quad \text{bzw.} \quad I'(t) = (U_0 - R \cdot I(t)) : L$$

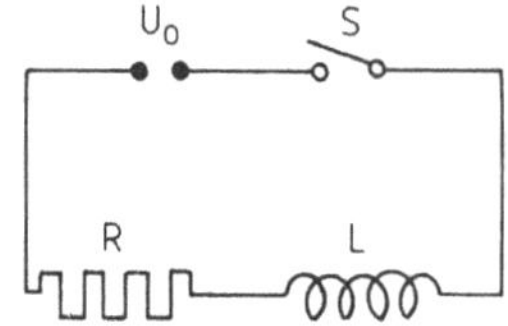

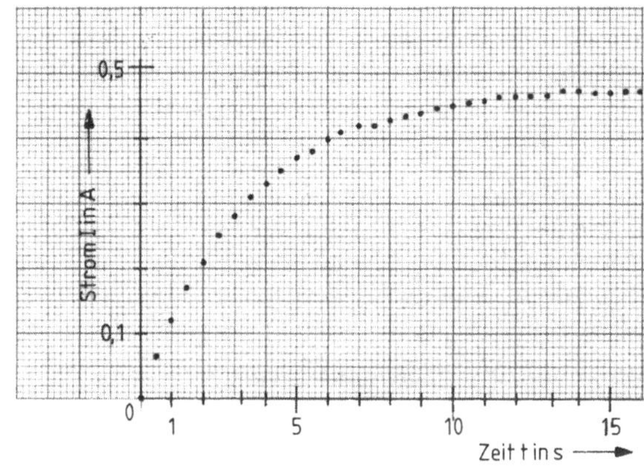

Wir wählen $U_0 = 4{,}5$ V; $R = 9{,}5\,\Omega$; $L = 34$ H sowie die Startwerte t = 0 und I = 0. Die zugehörige Kurve (h = 0,5) kann auch anhand der exakten Lösung

$$I(t) = U_0/R \cdot (1 - e^{-\frac{R}{L} \cdot t})$$

verifiziert werden (Grenzstrom $\frac{U_0}{R} \approx 0{,}47$ A).

11 Spielereien

11.1 Zahlen raten

a) Gegenstand des Spiels

Das Spiel besteht aus zwei Varianten. In der ersten versucht der Benutzer S (Spieler) eine Zahl zu erraten, die sich der Rechner C (Computer) „ausgedacht" hat, in der zweiten sucht umgekehrt C eine Zahl von S. Der Zahlenraum ist auf 1–999 festgelegt, kann aber vergrößert werden. Die Anzahl der Rateversuche wird während des Programmablaufs eingegeben. Nach jedem Spiel kann S entscheiden, ob C oder S als nächster raten soll, unterbleibt diese Entscheidung, wechseln sich S und C regelmäßig beim Raten ab. Zum Schluß wird der Spielstand ausgegeben, d. h. das Verhältnis der Gewinne S/C.

b) BASIC-Programm

```
  5:"S"REM*SPIELER*
 10:LET A=1, B=999, I=0, Z=1/√Z:USING "####"
 20:PAUSE "␣ICH DENKE MIR":PAUSE "␣EINE␣ZAHL!"
 30:GOSUB "ZUFALL"
 40:I=I+1:IF I>N THEN "C-SIEG"
 50:PAUSE "␣IHR";I;".VERSUCH"
 60:INPUT "␣␣?␣";X
 70:IF X=YTHEN "S-SIEG"
 80:IF X>YPAUSE "␣ZU GROSS":GOTO 40
 90:PAUSE "␣ZU KLEIN":GOTO 40

 95:"C"REM*COMPUTER*
100:LET A=1, B=999, I=0
110:PAUSE "␣ JETZT RATE ICH !␣"
120:PRINT "␣SIND SIE BEREIT? ENTER!"
130:I=I+1:IF I>NTHEN 200
140:GOSUB "ZUFALL"
150:PAUSE" MEIN";I;".VERSUCH":PAUSE"␣␣␣␣␣␣␣␣␣␣␣";Y;"␣␣?"
160:INPUT"␣␣␣␣␣␣␣␣␣␣";W$: GOTO W$
170:"R"GOTO "C-SIEG"
180:"T"A=Y+1:GOTO 130
190:"H"B=Y−1:GOTO 130

195:"LUEGENTEST"
200:INPUT "␣WELCHE ZAHL WAR ES␣?";Q
210:IF (Q<A)+(Q>B)=1BEEP 3:PAUSE "␣PFUI, DU PFUSCHST!"
    :PAUSE "␣DU BIST":PAUSE "␣DISQUALIFIZIERT!":GOTO 480
220:GOTO "S-SIEG"

230:"ZUFALL"
240:LET Z=EXP (π+Z), Z=Z−INT Z
```

```
250:Y=INT (Z*(B+1−A)+A)
260:RETURN

270:"ZENTRALE"
280:LET K=K+1
290:INPUT " NOCH EIN SPIEL? ";W$: IF W$="NEIN"THEN "ENDE"
300:INPUT "RATEN SIE (S)ODER(C)ICH?";W$:GOTO W$
310:IF K/2−INT(K/2)=0THEN 10
320:GOTO 100

325:"NEUSTART"
330:LET K=0, S=0, C=0, Z=0
340:INPUT "⌴WIEVIELE RATEVERSUCHE?";N
350:PAUSE "⌴ERST BREAK−TASTE":PAUSE "⌴DANN RUN!"
360:Z=Z+1: IF Z/10−INT (Z/10)=0THEN 350
370:GOTO 360

380:"ENDE"
390:IF S>CPRINT S;"⌴⌴⌴:";C;"FUER SIE!"
400:IF C>SPRINT C;"⌴⌴⌴:";S;"⌴⌴ FUER MICH!"
410:PAUSE "UNENTSCHIEDEN":PRINT C;"⌴⌴⌴:";S

420:"S-SIEG"
430:LET L=INT (3*Z)+1:GOTO 430+L*10
440:PAUSE " GRATULIERE!":PAUSE "⌴SIE HABEN GEWONNEN!":GOTO 470
450:PAUSE "⌴IHR SIEG!":GOTO 470
460:PAUSE "⌴SIE WAREN BESSER!"
470:S=S+1:GOTO "ZENTRALE"

480:"C-SIEG"
490:L=INT (3*Z)+1:GOTO 490+L*10
500:PAUSE "⌴BEDAURE!":PAUSE "⌴SIE HABEN VERLOREN!":GOTO 530
510:PAUSE "⌴HURRA!":PAUSE "⌴ICH HABE GEWONNEN":GOTO 530
520:PAUSE "⌴DER SIEG":PAUSE "⌴IST MEIN !"
530:C=C+1:GOTO "ZENTRALE"
```

Erläuterungen

Wir unterscheiden die in sich geschlossenen Blöcke (1) "S" (5−90); (2) "C" (95−190); (3) "LUEGENTEST" (195−220); (4) "ZUFALL" (230−260); (5) "ZENTRALE" (270−320); (6) "NEUSTART" (325−370); (7) "ENDE" (380−410); (8) "S-SIEG" (420−470); (9) "C-SIEG" (480−530). Zu Beginn des Spiels tastet man RUN 330 ein. In Block (6) wird dann die Zahl der Rateversuche vereinbart (Zweckmäßig $N \geqslant 8$) und mittels einer Endlosschleife, die nur mit *break* verlassen werden kann, eine unbekannte Startzahl Z für den Zufallsgenerator (4) geschaffen. Dann startet man mit RUN, so daß Block (1) abgearbeitet wird. Der Computer bildet eine Zufallszahl Y nach der in 8.4 beschriebenen Methode. Der Spieler tippt seine Vermutungen ein (Speicher X), und zwar so lange, bis entweder die Zahl erraten oder die zulässige Anzahl der Versuche überschritten ist. Die Bekanntgabe des Gewinners erfolgt in (8) bzw. (9), wobei zufällig eine von mehreren denkbaren Formulierungen

ausgewählt wird. Anschließend erfolgt ein Sprung nach (5), wo man die Weiche für das
nächste Spiel stellen kann. Läßt man den Computer raten (2), wacht (3) darüber, daß er nicht
allzu dreist betrogen wird. Ganz läßt sich das nicht ausschließen, weil dem Rechner absichtlich nicht die *optimale Strategie* eingegeben wurde. (Sonst würde es langweilig, den Rechner
immer wieder nach demselben starren Schema vorgehen zu sehen) Einzelheiten werden hier
nicht verraten, um spieltheoretisch unerfahrenen Lesern die Möglichkeit zu lassen, das
spielerisch praktisch herauszufinden (Leser, die sich z. B. mit Sortieralgorithmen beschäftigt
haben, mögen milde lächeln; vielleicht etwas für Ihre Kinder?)

c) Beispiel eines Spielablaufs

Aktivitäten des Benutzers	Anzeige des Computers	Anmerkungen
RUN 230 ENTER	WIEVIELE RATEVERSUCHE?	dauerhafte Anzeige
12 ENTER	ERST BREAK-TASTE	Pausen-Anzeige
	DANN RUN!	Pausen-Anzeige
		(Wiederholungen, bis
		Break-Taste gedrückt!)
ON	BREAK AT 360	(oder … 350, … 370
RUN ENTER	ICH DENKE MIR	Pausen-Anzeige
	EINE ZAHL	Pausen-Anzeige
	IHR 1. VERSUCH	Pausen-Anzeige
	?	dauerhafte Anzeige
600 ENTER	ZU KLEIN	Pausen-Anzeige
	IHR 2. VERSUCH	Pausen-Anzeige
	?	dauerhafte Anzeige
850 ENTER	ZU GROSS	
		usw. bis (z.B.)
	DER SIEG	Pausen-Anzeige
	IST MEIN!	Pausen-Anzeige
	NOCH EIN SPIEL?	dauerhafte Anzeige
ENTER	RATEN SIE (1) ODER ICH (2)	dauerhafte Anzeige
ENTER	JETZT RATE ICH	Pausen-Anzeige
	MEIN 1. VERSUCH	Pausen-Anzeige
	876?	Pausen-Anzeige
	—	dauerhafte Anzeige
H ENTER	H —	(zu hoch)
	MEIN 2. VERSUCH	Pausen-Anzeige
	529?	Pausen-Anzeige
	—	dauerhafte Anzeige
T ENTER	T —	(zu tief)
		usw. bis (z.B.)
R ENTER	HURRA!	Pausen-Anzeige
	ICH HAB GEWONNEN !	Pausen-Anzeige
	NOCH EIN SPIEL?	dauerhafte Anzeige
NEIN ENTER	2 : 0 FUER MICH	dauerhafte Anzeige

11.2 Auf Los gehts los!

a) Gegenstand des Spiels

Kennen Sie Eidgenossen, die sich nach Nordbayern abgesetzt haben? (SCHWEIZER
FRANKEN). Oder die Umschreibung für „Feierabend im Hühnerstall"? (LEGENDE). Solch
amüsante Wortspiele lernt man im Fernsehen; den Rechnerfans ist der *hangman* ein Begriff
(Der „Galgen" entsteht wie der „Sarg" beim Kegler) Prinzipiell können wir mit dem PC-1212
den Vorgang wie auf Fuchsbergers großer Tafel ablaufenlassen; man muß allerdings etwas
warten, bis nach Eingabe eines Buchstaben die veränderte Anzeige erscheint!

b) BASIC-Programm

```
 10:"SPEICHERVORBEREITUNG"
 20:FOR Z=1TO 24
 30:LET A$(Z)="-"
 40:NEXT Z
 50:"EINGABE DES ZU RATENDEN WORTES"
 60.Z=27
 70:PAUSE Z-26,"BUCHSTABE"
 80:INPUT A$(Z)
 90:IF A$(Z)="*"THEN 110
100:Z=Z+1:GOTO 70
110:"SPEICHERKENNZEICHNUNG"
120:A(51)=Z-26
130:FOR Z=A(51) TO 24
140:A$(Z)="*"
150:NEXT Z

160:"RATEN DER EINZELNEN BUCHSTABEN"
170.Z=27
180:INPUT " BUCHSTABE ? ";Y$
190:IF A$(Z)="*" THEN 230
200:IF A$(Z)=Y$LET A$(Z-26)=A$(Z)
210:Z=Z+1:GOTO 190
220:"ANZEIGE"
230:PRINT A$;B$;C$;D$;E$;F$;G$;H$;I$;J$;K$;L$;M$N$;O$;P$;Q$;R$;S$;T$;
                                             U$;V$;W$;X$

240:GOTO 170
```

Erläuterungen:

Die stellenweise recht umständliche Formulierung ist eine Folge davon, daß man ohne bastleri-
sche Tricks keinen Zugriff auf die Komponenten der 7-Byte-strings A$, B$ usw. hat. Deshalb
mußte für jeden einzelnen Buchstaben ein eigener Speicher bereitgestellt werden. Insgesamt
benötigt man wegen der 24-stelligen Anzeige (die voll ausgenutzt werden soll) also 48 Textspeicher, bei denen nur immer die erste der sieben Stellen genutzt werden kann (24 Speicher
für die Aufnahme des zu ratenden Wortgebildes und 24 Speicher für die allmählich aus den
einzelnen angegebenen Buchstaben entstehende Textkopie).

Ein besonderes Problem stellt die Ausgabe dieses Speicherverbunds dar, die natürlich auf einen Tastendruck hin erfolgen soll! Zeile 230 zeigt eine Möglichkeit (die einzige ?), alle 24 Textspeicher auf einmal auszugeben (Zwar stehen dieselben Speicher auch unter den Namen A$(1) bis A$(24) zur Verfügung, siehe Zeilen 20, 30. Man bekommt sie aber so nicht in den 80-stelligen Anzeigepuffer, denn A$(24) z. B. benötigt 6 Stellen).

c) Beispiel eines Spielablaufs

Es sind hier außer dem Rechner natürlich zwei Personen erforderlich, wenn über eine Demonstration hinaus wirklich geraten werden soll. Der erste Spieler startet mit RUN und muß die zu erratende Textkette Buchstabe für Buchstabe durch zusätzliche Betätigung der Enter-Taste eingeben, was relativ schnell geht (rd. 1 Sekunde pro Buchstabe). Wir nehmen an, daß er das Wort OTTOMOTOR auf A(27) bis A(35) gebracht hat. Der zweite Spieler findet folgende Anzeige vor (Zeile 180):

BUCHSTABE?

Wenn er z.B. ein A eintippt, so erscheint — nach etwa 5 Sekunden —

— — — — — — — — — * * * * * * * * * * *

das bedeutet (siehe Zeile 130—150), daß das Wort aus neun Buchstaben besteht und kein A enthält. Tippt er nun nacheinander M, O, T und R ein, ergibt sich entsprechend

— — — — M — — — — * * * * * * * * * * *

O — — OMO — O — * * * * * * * * * *

OTTOMOTO — * * * * * * * * * * *

OTTOMOTOR * * * * * * * * * * *

Es muß noch mal betont werden, daß immer nur ein Buchstabe auf einmal eingegeben werden darf; gibt man z. B. MO auf den Speicher Y$, so wird weder M noch O anerkannt, weil die Gleichheitsabfragen A$(31) = Y$ und A$(32) = Y$ beide negativ enden müssen!

11.3 Streichholzspiel

a) Gegenstand des Spiels

Eine Grundversion der sog. Nim-Spiele sieht zwei Personen vor, die abwechselnd ein bis drei Hölzer einem Haufen von anfangs n Hölzern entnehmen. Verloren hat derjenige Spieler, der das letzte Holz nehmen muß!

In der nachfolgenden Basic-Version tritt der Computer an die Stelle einer Person. Der verbleibende Spieler gibt ein Intervall [a, b] vor aus dem der Rechner per Zufallsgenerator das n holt. Ferner darf er wählen, ob er selbst oder die Maschine den ersten Zug haben soll.

b) BASIC-Programm

```
10:PAUSE " GRENZEN FESTLEGEN!"
20:INPUT " MINIMUM: ";A," MAXIMUM: ";B:Z=A/B
30:LET Z=EXP (π+Z), Z=Z−INT Z,N=INT ((B+1−A)*Z+A):I=0:K=10:USING "###"
40:PAUSE " ANFANGSZAHL:":PAUSE " ";N;" HOELZCHEN"
50:PAUSE "WER BEGINNT?":INPUT " SIE (S) ODER ICH (C) ?";W$:GOTO W$
```

```
 60:"C"REM *COMPUTERZUG*
 70:LET C=(N+3)/4,C=C-INT C,C=C*4
 80:IF C=0LET C=1:GOTO 100
 90:IF K/10-INT (K/10)=0PAUSE " SIE WERDEN VERLIEREN!":K=K+1
100:PAUSE " ICH NEHME ": PAUSE C;" HOELZCHEN"
110:N=N-C: IF N=1 PRINT " SIE HABEN VERLOREN":GOTO 30

120:"S"REM *SPIELERZUG*
130:PAUSE " ES SIND NOCH": PAUSE N;" HOELZCHEN DA"
140:INPUT " WIEVIEL NEHMEN SIE? ";S
150:IF ((S>3)+(S<1)+(S-INT S<>0))GOTO 210
160:N=N-S
170:PAUSE " JETZT BLEIBEN": PAUSE "  ";N; " HOELZER"
180:IF N=1PRINT " GRATULIERE! SIE SIEGTEN":GOTO 30
190:GOTO "C"

200:"ANTWORTEN AUF TAEUSCHUNGSVERSUCHE"
210:I=I+1:BEEP I:GOTO 210+I*10
220:PAUSE " ICH LASSE MICH": PAUSE " NICHT TAEUSCHEN"
225:PAUSE " VON IHNEN":PAUSE " SCHON GAR NICHT!":GOTO 140
230:PAUSE " SIE VERSUCHEN ES":PAUSE " JA SCHON WIEDER!"
    :PAUSE "LETZTE WARNUNG!":GOTO 140
240:PAUSE " MIR LANGTS!":PAUSE " ICH HOERE AUF!"
250:BEEP 3:PAUSE " BETRUG!":GOTO 250
```

Erläuterungen:

Die Strategie des Computers wird hier absichtlich nicht verraten; der interessierte Leser kann sie natürlich bei näherem Hinsehen den Zeilen 60 bis 110 entnehmen!

Dem menschlichen Gegenspieler (Zeile 120 bis 190) muß mit einer gewissen Skepsis begegnet werden; ab Zeile 200 findet man beispielhaft mögliche Reaktionen des Rechners!

c) Beispiel eines Spielverlaufs

```
S: RUN
C: GRENZEN FESTLEGEN! MINIMUM:
S: 10
C: MAXIMUM:
S: 20
C: ANFANGSZAHL 11 HOELZCHEN WER BEGINNT ?  SIE (S) ODER ICH (C) ?
S: C
C: SIE WERDEN VERLIEREN!
C: ICH NEHME 2 HOELZCHEN ES SIND NOCH 9 HOELZCHEN DA
C: WIEVIEL NEHMEN SIE ?
S: 3
C: JETZT BLEIBEN 6 HOELZER
C: ICH NEHME 1 HOELZCHEN ES SIND NOCH 5 HOELZCHEN DA
C: WIEVIEL NEHMEN SIE ?
```

S: 4
C: ICH LASSE MICH NICHT TÄUSCHEN VON IHNEN SCHON GAR NICHT!
C: WIEVIEL NEHMEN SIE ?
S: 0
C: SIE VERSUCHEN ES JA SCHON WIEDER! LETZTE WARNUNG!
C: WIEVIEL NEHMEN SIE ?
S: 1
C: JETZT BLEIBEN 4 HOELZER
C: ICH NEHME 3 HOELZCHEN SIE HABEN VERLOREN!

11.4 Mondlandespiel

a) Prinzip des Spiels

Eine Mondlandefähre befindet sich in einer bestimmten Höhe und sinkt mit einer bestimmten Geschwindigkeit auf die Mondoberfläche zu. Der Spieler kann nun für kurze Zeit „die
Bremsraketen zünden", so daß die Landefähre am Schluß dieser Brennphase eine geringere
Geschwindigkeit hat. Mit mehreren solcher Bremsschübe kann er die Fähre weich landen,
d.h. er setzt sie mit der Geschwindigkeit Null auf die Mondoberfläche auf. Dazu braucht
der Spieler natürlich die Möglichkeit, die einzelnen Bremsschübe unterschiedlich stark ein-
zustellen.

b) Physikalischer Hintergrund

Aus der Höhe und der Geschwindigkeit zu Beginn des Bremsschubes und aus Stärke und
Dauer des Bremsschubes ist die Höhe und Geschwindigkeit am Ende des Bremsschubes zu
berechnen.

Bei kurzer Dauer des Bremsschubes darf die Bewegung der Fähre als gleichmäßig beschleunigt angenommen werden (d. h. die Geschwindigkeit der Fähre wird während des Bremsschubes ganz gleichmäßig verringert).

Für diese gleichmäßig beschleunigte (bzw. verzögerte) Bewegung gilt das Geschwindigkeits-
Zeit-Gesetz:

(1) $v_t = v_0 + a \cdot t$

        t: Zeitdauer (der Brennphase) in s

        a: Beschleunigung (während der Brennphase) in m/s^2

        v_0:   Geschwindigkeit zu Beginn der Brennphase in m/s

        v_t: Geschwindigkeit am Ende der Brennphase in m/s

und das Weg-Zeit-Gesetz:

(2) $h_t = h_0 + v_0 \cdot t + \dfrac{a}{2} \cdot t^2$

        h_0:   Höhe zu Beginn der Brennphase in m

        h_t: Höhe am Ende der Brennphase in m

Dabei setzt sich die Beschleunigung a noch zusammen aus der Fallbeschleunigung des Mondes
a_M und der Beschleunigung des Raketenantriebes a_R:

(3) $a = a_R + a_M$.

Ein Astronaut kann natürlich nicht beliebig viele Bremsschübe durchführen, denn ihm steht nur eine begrenzte Treibstoffmenge R_0 zur Verfügung. Wenn während der Brennphase die Treibstoffmenge R_v verbrannt wird, dann verbleibt also der Treibstoffrest

$$(4) \quad R_t = R_0 - R_v.$$

Im Programm muß dann bei jedem Durchlauf geprüft werden, ob der errechnete Treibstoffrest R_t nicht kleiner ist als Null. Wenn das der Fall wäre, dürfte keine neue Höhe und Geschwindigkeit ausgerechnet werden. In diesem Fall müßte vom Spieler ein schwächerer Bremsschub versucht werden.

c) BASIC-Programm

```
 10: INPUT " STARTPOSITION EINGEBEN?";W$
   : IF W$="J"GOSUB "POSITIONIERUNG":GOTO 30
 20: LET Z=EXP (π+Z),Z=Z−INT Z,H=INT (Z*999)+1,Z=Z*997,Z=Z−INT Z,
   : V=INT (1000*Z)−500
 30: INPUT " SCHWIERIGKEITSGRAD: ";K:IF ((K<1)+(K>3)) BEEP 1:GOTO 30
 40: LET V=V/3.6, R=0.01*V*V+0.04*H+5, R=R+(3−K)/3*R, S=1:USING "#####"
 50: PRINT "TREIBSTOFFVORRAT:";R;" L"

 60: PRINT V*3.6;" KM/STD ";H;" METER"
 70: T=1:INPUT "ZEITABSCHNITT: ";T
 80: IF ((T<0)+(T>60))BEEP 1:GOTO 70
 90: F=0:INPUT "KRAFTSCHUB:";F
100: IF ((F<0)+(F>99))BEEP 1:GOTO 90
110: P=F*T: IF P>R BEEP 1:GOSUB "WARNUNG":GOTO 70
120: R=R-P:IF R<1 GOTO "FREIERFALL"
130: IF ((S=1)*(R<15)) BEEP 3:S=0:GOSUB "WARNUNG"
140: LET A=F−1.62,H=H+V*T+0.5*A*T*T,V=V+A*T
150: IF H>0.5 GOTO 60

160: "LANDUNG"
170: LET V=−√(V*V−2*A*H)
180: IF V<−30BEEP 6:PRINT "***KEIN*UEBERLEBENDER***":END
190: IF V<−15BEEP 3:PRINT " FAEHRE HAT TOTALSCHADEN":END
200: IF V<−5BEEP 1:PRINT " BRUCHLANDUNG!":END
210: IF V<−1.5 PRINT " ETWAS HART GELANDET!":END
220: PRINT ">>> LANDUNG 1.KLASSE <<<":END
230: "WARNUNG" PAUSE " TREIBSTOFFRESERVE:":PAUSE R;" LITER"
240: RETURN
250: "POSITIONIERUNG"
260: INPUT " HOEHE IN METERN:";H: IF ((H<0)+(H>9999))BEEP 1:GOTO 260
270: INPUT " V IN KM/STD: ";V:IF ABS V>500BEEP 1:GOTO 270
280: RETURN

290: "FREIER FALL"
300: LET A=F+R−1.62,H=H+V*T+0.5*A*T*T,V=V+A*T,A=−1.62:BEEP 5
310: PAUSE V*3.6;" KM/STD ":PAUSE H;" METER"
```

```
320:PAUSE " SIE HABEN ":PAUSE " KEINEN TREIBSTOFF MEHR!":PAUSE
330:"ALS VERANTWORTLICHER":PAUSE " BORDCOMPUTER":PAUSE
340:"LETZTE VORAUSSAGEN:" "DARF ICH MICH":PAUSE " VERABSCHIEDEN"
    :PAUSE " ICH WUENSCH IHNEN":PAUSE " VIEL GLUECK!"
350:LET H=H+V*T+0.5*A*T*T, V=V+A*T
360:IF H<0THEN " LANDUNG"
370:PAUSE V*3.6;" KM/STD ":PAUSE H;" METER"
380:IF -10*V<H LET T=10:GOTO 350
390:T=1:GOTO 350
```

Erläuterungen:

Die Anfangsposition kann im Bereich -500 km/h $< v <$ 500 km/h bzw. $0 < h <$ 9999 m
festgesetzt (Zeilen 260, 270) oder zufällig ausgewählt (Zeile 20) werden. Die drei Schwierig-
keitsstufen (Zeile 30) beeinflussen in Abhängigkeit von der kinetischen und potentiellen An-
fangsenergie den Treibstoffvorrat und damit Anzahl und Stärke möglicher Bremsschübe
(Zeile 40). Solange Treibstoff vorhanden ($R \geqslant 1$), also die Fähre manovrierfähig ist, werden
Position und Geschwindigkeit über eine Printanweisung bekanntgegeben (Zeile 60). Ist das
nicht mehr der Fall, geschieht dies über eine Pausenanweisung. (Zeile 370)

Gemäß Zeile 70 und 90 kann der Mondfahrer seine steuernden Eingriffe vornehmen. Betätigt er nur die Enter-Taste, so wird der Rechner automatisch den Zeitraum T = 1 sec und
die Kraft F = 0 kN voraussetzen (Zur Vereinfachung nehmen wir an, daß 1 kg Treibstoff
innerhalb einer Sekunde verbrennt und dabei einen Rückstoß von F = 1 kN erzeugt. Die 1 t
schwere Fähre wird dadurch um 1 ms^{-2} verzögert.) Die Zeit ist auf das Intervall [1,60] und
die Kraft auf [1,99] beschränkt, ferner wird, wie angekündigt, über den verbrauchten Kraft-
stoff Buch geführt (Zeilen 80 und 100 bis 130; in Zeile 130 ist durch eine Und-Abfrage eine
einmalige Warnung für den Augenblick vorgesehen, daß die Treibstoffreserve 15 ℓ unterschreitet.

Die Landung wird in Abhängigkeit von h und v (negativ, so lange nach ,,unten", d. h. zum
Mond hin gerichtet) in verschiedene Kategorien eingeteilt und entsprechend kommentiert.
In Zeile 70 wird die Geschwindigkeit für den Moment des Auftreffens rekonstruiert (Energie-
satz).

Anhang

Literaturverweise

[1] *K.U. Bromm,* Es muß nicht immer PASCAL sein – Aufwand und Ertrag beim Einsatz unterschiedlicher Rechner im mathematisch-naturwissenschaftlichen Unterricht. In MNU, 3/83

[2] *H. Schubert,* Mathematische Mußestunden. de Gruyter, Berlin 1941

[3] *W. Lietzmann,* Lustiges und Merkwürdiges von Zahlen und Formen. Vandenhoeck & Ruprecht, Göttingen 1961

[4] *Nöbauer/Timischl,* Mathematische Modelle der Biologie. Vieweg, Braunschweig/Wiesbaden 1979

[5] *D. L.* und *D. H. Meadows,* Das globale Gleichgewicht. Rowohlt, Hamburg 1976

[6] *H.* und *I. Werner/P. Jansen,* Probleme der praktischen Mathematik, Schwann, Düsseldorf 1975

[7] *Feilmeier/Wacker,* Numerische Mathematik. Bayerischer Schulbuch-Verlag, München 1975

Anmerkungen

4.4.2

1. Im Jahre 1957 bewies *Selfridge,* daß erstere eine Primzahl und letztere durch 1933 teilbar

2. Es handelt sich um die Zahl 4294967297, die die Teiler 641 und 6700417 besitzt; ursprünglich hatte *Fermat* vermutet, mit

$$2^{(2^n)} + 1$$

einen Term gefunden zu haben, der nur Primzahlen erzeugt! (*Leonard Euler,* 1707 bis 1783, *Pierre Fermat,* 1601 bis 1655).

5.1

1. Außerdem darf die Masse bzw. der Querschnitt des Körpers und dessen Geschwindigkeit nicht zu klein sein, sonst tritt das *Stokesche* Gesetz an die Stelle des o. a., welches die Geschwindigkeit nur noch in der ersten Potenz berücksichtigt: $R = 6\pi\eta v$ (Kugeln, Nebeltröpfchen, Millkanversuch!) Auch bei hohen Geschwindigkeiten in dichter Luft besteht eine lineare Abhängigkeit zu v (Gewehrkugeln), während bei den noch höheren Satellitengeschwindigkeiten im stark luftverdünnten Raum wieder die quadratische Abhängigkeit von v gilt, siehe Kap. VI in: *A Bohrmann,* Bahnen künstlicher Satelliten, BI Mannheim, Bd. 40/40a. Entscheidend für die quadratische oder lineare Abhängigkeit von v ist u. a. das Vorhandensein bzw. Nichtvorhandensein von Wirbeln!

2. Angaben und Skizze nach *Bergmann/Schäfer,* Lehrbuch der Experimentalphysik, Berlin 1965, Bd. 1, S. 272 in Verbindung mit dem Handbuch der Schulphysik, Aulisverlag, Köln, Bd. 3, S. 193.

5.1.1

3. Der Grund dafür: Bei konstantem a gilt III exakt (man vergleiche die übliche Form
$v = v_0 + at$) und auch I exakt:

$$y(t + \Delta t) = y(t) + \left(\left(v(t) + a(t)\,\frac{\Delta t}{2}\right)\right) \cdot \Delta t = y(t) + v(t) \cdot \Delta t + \frac{1}{2}\,a(t) \cdot (\Delta t)^2$$

$$\left(s = s_0 + v_0 \cdot t + \frac{1}{2}\,a \cdot t^2\right) \quad \text{(für jeden Schritt aufs neue anzuwenden!)}$$

5.3

1. Wenn in $\gamma = 6{,}67 \cdot 10^{-11}\ \text{m}^3\ \text{kg}^{-1}\ \text{s}^{-2}$ statt „m³" das Maß „$(10^3\ \text{km})^3$" eingefügt werden
soll, wird das Maß um den Faktor 10^{18} vergrößert, weshalb zum Ausgleich die Maßzahl
um denselben Faktor verkleinert werden muß!

2. Die Keplerkonstante eines Zentralkörpers der Masse M erhält man gemäß $\frac{4\pi^2}{\gamma \cdot M}$ für die
Erde zu $\dfrac{4\pi^2}{6{,}67 \cdot 10^{-11} \cdot 6 \cdot 10^{24}} = 9{,}9 \cdot 10^{-14}$

Die notwendige Geschwindigkeit von $v_{st} = 10{,}57$ km/s für das jetzige Perigäum Pe_0 erhält
man auch mit Hilfe des gewünschten zukünftigen Apogäums Ap_1 nach dem Rezept

$$v_{st}^2 = v_0^2 \cdot \frac{Ap_1}{Pe_0}$$

zu $Ap_1 = 384 \cdot 10^3$ km, $Pe_0 = 7 \cdot 10^3$ km, $v_0 = 7{,}54$ km/s.

5.4

Der Mond bewegt sich auf einer Ellipse um die Erde, deren große Achse einen Durchmesser
von 407000 km hat; infolge des Massenverhältnisses Erde: Mond = 81,3 : 1 teilt der Schwerpunkt diese Strecke in zwei Abschnitte von 402055 km und 4945 km. Aus der siderischen
Umlaufzeit von 27 d 7 h 43 min = 2360580 s und dem mittleren Abstand von 384400 km
berechnet sich die mittlere Bahngeschwindigkeit des Mondes zu 1022 m/s.

Mit dem zweiten Keplerschen Gesetz ergibt sich dann weiter $0.5 \cdot 1022 \cdot 384400 =$
$0{,}5 \cdot v \cdot 402055$ bzw. $v = 977$ m/s für die Geschwindigkeit im Apogäum und aus der
Relation $V_{Mond} : V_{Erde} = 81{,}3 : 1$ eine Geschwindigkeit von rund 12 m/s für den Erdmittelpunkt auf seiner fast kreisförmigen Bahn um den Schwerpunkt. (Daten aus der Tafel von
Sieber, Klett 1973; man beachte jedoch, daß der Einfluß der Sonne bei den o. a. Überlegungen nicht berücksichtigt werden konnte und daher Unstimmigkeiten gegenüber der tatsächlichen Bahn verbleiben.)

6.1

6.1.1

Die hier und im weiteren Verlauf von Kap. 6 angeführten Modellvorstellungen stellen Dis-
kretisierungen von Differentialgleichungen dar, die infolge der geringen Anzahl der erfaß-
ten Parameter nicht den Anspruch erheben können, die komplexe Wirklichkeit exakt
widerzuspiegeln.

Über die Bedeutung mathematischer Modelle in der Biologie informiert z.B. [4].

6.1.2

Man muß lediglich R_0 = 15 setzen, alles andere kann bleiben; dies ergibt sich allgemein aus $B = qB - kRB$ und $R = pR + cBR$.

Wenn man die Ausgangspopulation nahe dieser Gleichgewichtslage wählt und geringere Zuwachsraten nimmt, d.h. den betrachteten Zeitabschnitt verringert, erhält man im ersten Diagramm geschlossene Kurven.

6.1.3

3. Die maximale Fangquote R_{max} ergibt sich aus der stationären Bedingung

$$x = x + q(1 - x/M) - R$$

als lokales Maximum der Funktion

$$f(x) = q \cdot x - \frac{q}{M} x^2$$

an der Stelle $x = M/2$

9.1

Es ist $\frac{y}{1} = \frac{1}{x}$ (Steigungsbegriff der Geraden oder Definition des Tangens); mit Pythagoras folgt zunächst

$$(x + 1)^2 + (y + 1)^2 = 25$$

und unter Beachtung der ersten Beziehung beim Ausmultiplizieren

$$x^2 + 2x + \frac{1}{x^2} + \frac{2}{x} = 23$$

beiderseitige Multiplikation mit x^2 ergibt die Behauptung.

9.2

Hinreichend ist z. B. der folgende Satz:

Wenn f stetig auf dem abgeschlossenen Intervall I; $f(I) \subseteq I$; und wenn es eine positive Konstante $L < 1$ gibt, so daß $|f(x_1) - f(x_2)| \leqslant L \cdot |x_1 - x_2|$ für alle x_1, x_2 aus I,

dann besitzt die Gleichung $x = f(x)$ in I genau eine Lösung ξ, die von der zugehörigen Iterationsfolge $x_{n+1} = f(x_n)$ für jeden Startwert x_0 aus I erreicht wird.

10.1

Falls n gerade, gilt $a_n^2 = a_{n-1} a_{n+1} - 1$ (vollständige Induktion). Die Differenz „1" ist Flächenmaßzahl des anstelle der „Diagonalen" im Innern des Rechtecks ausgesparten, extrem flachen Parallelogramms!

Sachwortverzeichnis

ABS 50
ACS 11
Algorithmus 3
array 20, 33, 135
Austrittsbedingung 5

BEEP 94, 136
BREAK 9

DEG 11

ENTER 1
Fallunterscheidung 5, 18
Feldspeicher 20, 33, 135
Flußdiagramm 2
Formatanweisung 9
FOR NEXT 7, 33

Gleichungsabfrage 106
GOSUB 17
GOTO 1, 6, 17, 28

IF 6, 7
IF THEN ELSE 5, 18
Indirekte Adressierung 77, 89
Indizierung von Speichern 20, 33, 135
Initialisierung 33
INPUT 1
INT 12

label 7, 17, 26
Laufvariable 77
LET 12
Logische Operatoren 18, 92

MEM 34, 44, 109
MODE 1

PAUSE 16
PRINT 1
Programm 1
— ablaufplan 2
— aufnahme 2
— bibliothek 2

RAD 11
RETURN 26
RUN 1

Schleife 5
Speicher 1, 4, 7
Sprunganweisung 7
Standardfunktion 6
STEP 7, 27
string 7, 134
Struktogramm 3, 20

THEN 6

Unterprogramm 2. Stufe 16
USING 9

Variable 1
Verbale Notation 3
Verzweigung 5

Wenn-dann-sonst 5, 18
Wiederholung 5

Zeichenkette 7, 134
Zufallszahlen 84
Zuweisung 3, 6

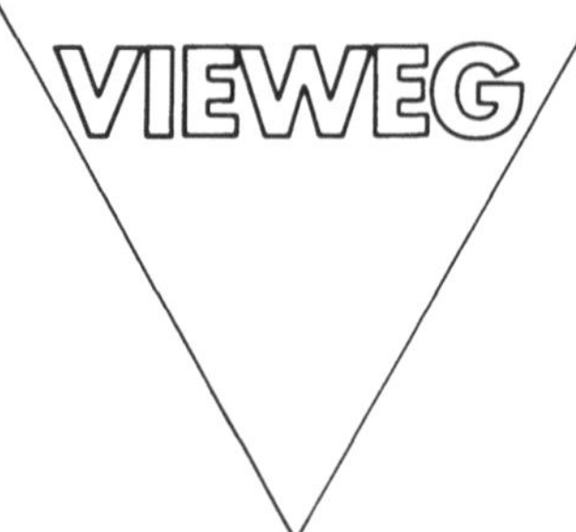

Programmieren von Taschenrechnern

Band 7
Horst Kreth
Lehr- und Übungsbuch für die Rechner SHARP PC-1210, PC-1211 und PC-1212
1982. VI, 121 S. 12 X 19,5 cm. Br.

Inhalt: Manuelles Rechnen — Grundelemente von BASIC — Höhere Programmiertechniken — Band- und Druckerbetrieb — Erweiterung der Programmierbibliothek um Standardprobleme der numerischen Mathematik.

Der Band befaßt sich mit dem PC-1210/11 von SHARP. Er gilt aber gleichfalls für die Taschencomputer PC-1212 von SHARP und TRS-80 von TANDY. Bis auf rechnerspezifische Eigenheiten ist das Buch auch auf den FX-702 von CASIO übertragbar.

Band 9
Claus Peter Ortlieb
Lehr- und Übungsbuch für den Rechner SHARP PC-1500
1983. VII, 145 S. 12 X 19,5 cm. Br.

Inhalt: Manuelles Rechnen — Grundelemente des Programmierens von BASIC — Weitere Möglichkeiten des PC-1500 — Das Zusatzgerät CE-150 — Lösungen der Aufgaben — Sachwortverzeichnis.

Das Buch führt in die Benutzung des PC-1500 und in das Programmieren in BASIC ein. Im Vordergrund stehen dabei Anwendungsbeispiele aus dem mathematisch-naturwissenschaftlich-technischen Bereich.